# 祈りの原風景

## 熊野の無社殿神社と自然信仰

桐村英一郎

森話社

【カバー写真】井ノ谷矢倉神社（和歌山県東牟婁郡古座川町平井、筆者撮影）
【扉写真】滝の拝矢倉神社（同町、筆者撮影）

# 祈りの原風景

## ——熊野の無社殿神社と自然信仰

＊目次

# まえがき

黒潮の恵み、温暖な気候、熊野三山、そして吉野・高野・伊勢と結ぶ古道。熊野の魅力は数多いが、樹や岩などを畏怖《いふ》し崇《あが》めた聖所がそこここに残されていることに、私は惹《ひ》かれる。

その多くは社殿のない神社である。山中や谷深き川沿いのひっそりとした佇《たたず》まいは、古《いにしえ》の人びとの素朴な自然信仰を今に残している。また、この日本列島が歴史の汚濁や人間の浅知恵にまみれる以前の純粋な心根を私たちに伝える。

自然信仰の聖所は、たいてい何段かの石組みの両脇に石灯籠が立ち、石組みの背後に大樹や磐座《いわくら》が鎮座するという形式だ。

熊野には千四、五百万年前の火山活動によって造られた岩壁や大岩が点在する。そうした造形が聖地を形成した。漁撈《ぎょろう》に勤《いそ》しむ人びとは、船から見える目標物で自分の位置を確認する「山あて（山たて）」で安全や漁場の場所を確認してきた。目標物となる大岩や滝は信仰の対象となっていった。

紀の国は「木の国」であり、船材や建材の供給地だった。黒潮に乗ってやって来た海の民は船材を求めて川をさかのぼり、天をつく巨樹を「カミ」として祀《まつ》り拝したことだろう。

太古の火山活動は鉱産資源ももたらした。熊野では、近年まで採鉱されていた銅をはじめ、水銀、鉄、金、銀などを求めて山中に分け入った人びとも少なくなかった。そうした採鉱、採鉱者や踏鞴《たたら》師など製錬者も、巨樹や大岩を崇めたことは想像に難くない。

もちろん、社殿のない神社、自然信仰の聖所は熊野だけのものではない。「原始の神社をもとめて」本州や沖縄、韓国の済州島と巡り歩いた岡谷公二氏は「若狭のニソの杜《もり》、近江の野神の森、蓋井島《ふたおい》(山口県)の森山、対馬の天道山、壱岐のヤボサ、薩摩・大隅のモイドン、種子島のガロー山、奄美の神山、沖縄の御嶽《うたき》」などを社殿のない、森だけの神社として挙げている。[*1]

カミ祀りの場が社殿を持つようになった理由のひとつに、大陸伝来の技術で建てられた仏教寺院の影響があろう。その点、飛鳥・奈良・京都など「みやこ」から遠く離れた熊野は影響を受けにくく、神社の原形が多く残された、といえまいか。

古く「社」は「もり」と読まれた。『出雲国風土記』秋鹿郡《あいかのこおり》の足高野山《あしたかのやま》の条は次のように記す。

土體《つちこ》豊沃え、百姓《おほみたから》の膏腴《ゆたか》なる園なり。樹林《はやし》なし。但《ただ》、上頭《みね》に樹林あり。此《こ》は則《すなは》ち神の社《もり》なり。[*2]

土壌が肥えた村の里山の頂上にある林を「神の社」と崇めた。

『万葉集』にも「社」を「もり」と読ませる歌がある。[*3]

木綿《ゆふ》かけて　斎《いは》ふこの社《もり》越えぬべく　思ほゆるかも　恋の繁《しげ》きに（巻第七）

山科《やましな》の　石田《いはた》の社《もり》に幣《ぬさ》置かば　けだし我妹《わぎも》に　直《ただ》に逢はむかも（巻第九）

もり＝神社は熊野だけの有り様ではないものの、森が濃く深く、また無社殿神社における信仰が今なお生き続けている熊野では、自然信仰の古風が実感できる。そこでとりおこなわれる祭りには、素朴でささやかな分だけ、血の古層を揺さぶるような懐かしさがある。沖を洗う黒潮は私たちの祖先とともに、南の島々から言語や建築・耕作技術、神話や伝承などを運んできた。熊野の自然信仰に懐かしさを感じ、心が和むのは、それが私たちに

「祖先はどこから来たか」をほのかに語りかけているからかもしれない。

私を熊野の無社殿神社の探究に引きずり込んだのは、串本高校の美術教諭だった宮本誼《ぎ》一《いち》氏が季刊『古美術』によせた論文「忘れられた熊野――熊野大辺地筋に残る矢倉《やぐら》神社の群落」だった。*4

生家が熊野古道・大辺路《おおへち》近くにあった宮本氏は、地元の人から「宮（矢倉神社）を再建してほしい」と頼まれ、いろいろ調べて行くうちに、この無社殿神社のとりこになり、熊野灘沿岸から内陸部へと足を運び「矢倉神社群」の地図を作った。彼は「矢倉」の名にこだわらず、大岩をご神体とする花の窟《いわや》（熊野市有馬町）から那智の滝まで自然物を仰ぐ聖地を「矢倉神社群」に入れた。そして、それらには次のような共通点があるとした。

一、磐倉《いわくら》・巨木・森・滝・泉・窟などを神体とし、その前面に神座を置き、ま垣を設ける。

二、社殿を建てないことを守る。拝殿は雨の日の祭事もあり、設けることはむしろ必要。ただし神体面をあける。

三、熊野の信仰の特色として玉石を捧げるが、神体はあくまで自然であり、（玉石は）

奉献の品とみる方がよい。
四、祭は霜月（旧十一月）の二十四日、又は冬至が祭日期。

宮本氏のように広げるときりがないので、本書では調査と考察の対象を熊野地方の「矢《や》倉《ぐら》」「高倉《たかくら》」の名がついた社に限ることにした。熊野の範囲については諸説あるが、おおむね近世の牟婁《むろ》郡の地域と考えていいだろう（十五頁の地図参照）。南紀地方、つまり和歌山県と三重県の南部一帯である。

現在の矢倉神社や高倉神社は、江戸後期、紀州藩が編纂した地誌『紀伊続風土記《きいしょくふどき》』では「矢倉明神社」「矢倉明神森」「高倉明神森」などと記されている。中には社殿を持つところもあるが、もともとはすべて無社殿だったと思われ、現在も奥地に行くほど無社殿社が多い。

ちょっと不思議なのは、樹木や岩に向かって築かれた石組みの両脇に灯籠が立つ、という形は同じなのに、日置《ひき》川、太間《たいま》川、古座川流域ではそれが矢倉神社と呼ばれ、熊野川の支流の赤木川流域には高倉神社が集中していることだ。

「高倉」は、熊野に上陸した神日本磐余彦《かむやまといわれびこ》（神武天皇）を助けたと神話が語る高倉下命《たかくらじのみこと》を勧請して名付けられたと思われるが、「矢倉」の命名由来は何か。そして矢倉、高倉社

（明神）とも、いつごろからそう呼ばれたのであろうか。もともとは山神森《やまがみのもり》、産土神森《うぶすながみのもり》、地主神社など素朴な名だったのではなかろうか。

本書は、無社殿神社に魅せられた私が、こうした疑問を抱きながら熊野各地を回った報告である。『紀伊続風土記』や『東牟婁郡神社明細帳』『西牟婁郡神社明細帳』[*5]以外は史料が少ないうえに、無社殿なので棟札《むなふだ》（建立や再建・修理の趣旨、施行者などを記し棟木に打ち付けた木札）の類もごくわずかしか残っていない。このため、推測や想像も交えながら「祈りの原風景」を味わってみたい。

＊1　岡谷公二『原始の神社をもとめて』（平凡社新書、二〇〇九年）、『神社の起源と古代朝鮮』（同、二〇一三年）。

＊2　日本古典文学大系2『風土記』（岩波書店、一九五八年）。

＊3　日本古典文学全集3『萬葉集　二』（小学館、一九七二年）。

＊4　季刊『古美術』四十二（三彩社、一九七三年）。

＊5　『神社明細帳』は明治初年、新政府が実施した神社調査を基に、明治十二年（一八七九年）に内務省が一定の方式による作成を府県に命じた神社台帳である。熊野地方では、和歌山県東牟婁郡、西牟婁郡、三重県南牟婁郡、北牟婁郡の神社明細帳がある。本書の調査対象は『東牟婁郡神社明細帳』と『西牟婁郡神社明細帳』に含まれる。

# 第一章　なぜ「矢倉」と付けたか

## ――その命名由来をさぐる

## 一 『紀伊続風土記』の記す矢倉社

熊野は近世の牟婁郡の範囲、現在は和歌山県と三重県の南部にわたり、海岸線でいえば和歌山県田辺市から潮岬《しおのみさき》を回って三重県尾鷲《おわせ》市、大紀町あたりまでの地域である。奈良県の吉野・大峯、和歌山県の高野山と熊野三山を結ぶ参詣道は二〇〇四年七月にユネスコの世界遺産（文化遺産）に登録された。

旧牟婁郡についての近世の第一級の史料は『紀伊続風土記《きいしょくふどき》』（以下各章の初出以外は『続風土記』と略）である。紀州藩が文化三年（一八〇六年）、儒学者の仁井田好古《にいだこうこ》（模一郎）、本居内遠《もとおりうちとお》らに着手させた地誌で、中断期を経て、天保十年（一八三九年）にようやく完成した。

『続風土記』から牟婁郡の矢倉《やぐら》社をピックアップすると以下のようになる（カッコ内は現在の所在地）。[*1]

①矢倉明神森　安宅荘玉伝《たまで》村（和歌山県西牟婁郡白浜町玉伝）　樹を祀りて社なし

②矢倉明神森　安宅荘大《おお》村（同郡白浜町大）　社なし　樹を祀るなり

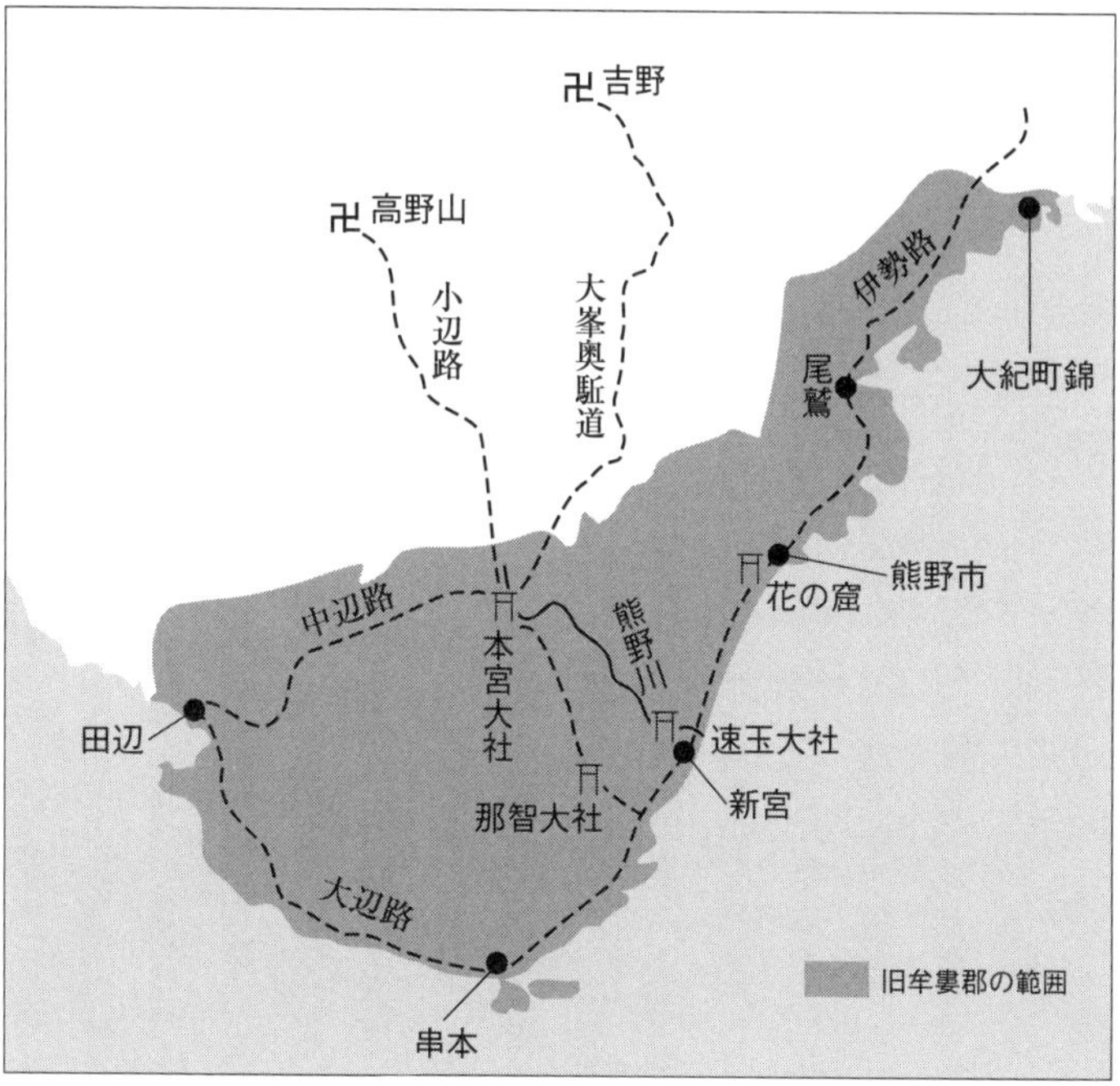
吉野
高野山
小辺路
大峯奥駈道
伊勢路
大紀町錦
尾鷲
熊野市
花の窟
中辺路
本宮大社
熊野川
田辺
速玉大社
新宮
那智大社
大辺路
串本
旧牟婁郡の範囲

熊野と古道

③矢倉大明神森　城川《じょうがわ》荘小川《こがわ》村（同郡白浜町小川）　下村にあり
④矢倉大臣《おおおみ》社　城川荘矢野口村（同郡すさみ町矢野口）　境内森山　宮山にあり
⑤矢倉明神森　城川荘矢谷村（同郡すさみ町矢ケ谷）　境内森山　一村の産土神なり
⑥矢倉明神社　市鹿野《いちかの》荘古屋村（同県田辺市古屋）　村中にあり
⑦矢倉明神　市鹿野荘中野俣村（同市中ノ俣）　木を神として祀る
⑧日生《ひおう》矢倉明神森　周参見《すさみ》荘太間川《たいまがわ》村（同県西牟婁郡すさみ町太間川）　社なく木を祭る
⑨矢倉明神森　周参見荘口和深《くちわぶか》村（同郡すさみ町口和深）　社なし　木を神体とす
⑩矢倉明神森　三前《みさき》郷池山村（和歌山県東牟婁郡古座川町池野山）　木を神体として社なし
⑪矢倉明神　三前郷立合《たちあい》村（同郡古座川町立合）　岩を祀る　又地主神ともいふ
⑫矢倉明神森　三前郷峯村（同郡古座川町峯）　木を神とす
⑬矢倉明神森　三前郷相瀬村（同郡古座川町相瀬）　社なし
⑭矢倉明神社　三前郷大川村（同郡古座川町大川）　社地森山
⑮矢倉明神社　三前郷三尾川《みとがわ》村（同郡古座川町追野々）　小名《こな》追の野にあり
⑯矢倉明神森　七川谷《しちかわだに》郷井野谷村（同郡古座川町平井井ノ谷）　木を神とす
⑰矢倉明神社　佐本荘里川村（和歌山県東牟婁郡串本町里川）　瀧又にあり　島之御神といふ

⑱矢倉明神社　新宮城下新宮町（同県新宮市新宮字矢倉町）　祀神　熊野樟橡日命《くまのくすひのみこと》
⑲矢倉明神社　尾呂志《おろし》荘矢野川村（三重県熊野市紀和町矢ノ川）　村の巳《み》の方五町余にあり

このほか、周参見荘和深川村の本ノ宮森に「社なく石を祭る　又矢倉大明神ともいふ」という説明がついている。それを含めると「矢倉」のつくのは二十社になる。

『続風土記』に記載された矢倉社には次のような特徴点を挙げることができよう。

・④の矢倉大臣社以外はすべて「矢倉明神（社・森）」と呼ばれている。
・⑲を除いて、現在の和歌山県南部、とりわけ日置川、太間川、古座川流域に集中している。
・大半が樹木を神体としている。⑱のクマノクスヒノミコトは『古事記』『日本書紀』に登場する神名だ（『古事記』は熊野久須毘命、『日本書紀』は熊野櫲樟日命）。アマテラスとスサノヲが誓約《うけい》（正邪を判定する古代の占い）をしたとき、スサノヲがアマテラスの飾り物をかみ砕き、口から噴き出して生んだ一神である。クスノキに関連した樹木神と思われる。

こうした共通点は矢倉神社の由来や嚆矢《こうし》ともかかわる。それについて以下で考えてゆきたい。また①から⑲までの社の現状などは後の探訪記で語るつもりだ。

一方、『続風土記』は牟婁郡内の高倉社として次の例を挙げる。

高倉明神森　浅里郷里高田村（和歌山県新宮市高田）　高田三箇村の産土《うぶすな》神なり　社なし

現在、高倉神社や高倉下を祭神とする神社は、新宮市熊野川町の赤木川流域や田辺市本宮町に多数あり、なかには江戸中期・安永五年（一七七六年）の史料に高倉大明神として載っている社もある。それより後の時代に完成した『続風土記』に記載がないのは不思議だ。そのことや、旧里高田村の高倉明神についても後述したい。

## 二　命名由来三つの推測

熊野の無社殿神社はおおむね同じような形をしている。即ち石段の上に平地があり、その正面に二、三段の石組みがつくられている。石組みの左右に石灯籠が立ち、石組みの背後は樹木や巨岩がある、という様式だ。たまに滝を背景にしたところもある。つまり、これら無社殿神社のご神体は樹木、巨岩、滝など自然物なのである。『続風土記』が記す矢倉明神に木を神体とする社が多いのは、熊野の自然信仰の深さを物語る。

私の関心は「同じような形式の無社殿神社が、なぜ地域によって矢倉神社と呼ばれたり、高倉神社と呼ばれたりするのか」「高倉社（高倉明神）の命名は、日本神話で熊野に上陸した神日本磐余彦《かむやまといわれびこ》（神武天皇）のピンチを救った高倉下命《たかくらじのみこと》に由来するのだろうが、矢倉社（矢倉明神）の名は何に由来するのか」「矢倉、高倉の命名はいつごろまでさかのぼれるのか」ということである。

まず、矢倉社からその命名由来を考察してみよう。可能性として考えられるのは①串本、古座川流域の山林地主である矢倉家に由来する、②熊野三山を支配した熊野別当が没落した後、中世に合議制で一帯を司《つかさど》った「七上綱《じょうこう》」家のひとつに矢倉家がある。矢倉家が祀ったことから、その名が付いた、③山の険峻《けんしゅん》なるさまを「クラ」というなど矢倉社の位置する地形から名付けられた、などが挙げられよう。それらを吟味するとともに、『続風土記』で他と離れ、尾呂志荘にあった矢倉明神社についても考えてみたい。

## ①山林地主の矢倉家から命名された、という推測

ＪＲ串本駅近くに大きな屋敷を構える大正殖林合資会社社長の矢倉甚兵衛《やぐらじんべえ》氏（昭和十九年生まれ）は、山林地主の矢倉家十二代目の当主である。母屋は幕末、慶応二年（一八六六年）の建築という。矢倉甚兵衛氏は物静かな人物だ。

矢倉家の山林取得は江戸時代から始まっているが、現当主によればもともとは鰹や鯨漁の網元だった。

「夜の漁では（松明《たいまつ》の灯で魚を集める）『夜焚《よだ》き』をします。その松明や鰹節づくりの木材を古座川流域の業者から買っていた。これは僕の想像ですが、いちいち木材を買わずに済むよう、山ごと手に入れて、漁の閑期に漁師を持ち山に連れて行って伐採した。我が家は以前、銀行経営もしていたので、融資の担保として引き取った山もあり、増えて行ったのでしょう。明治の中頃から大正時代にかけて漁業から徐々に手を引き、林業に専念しました」

現在、杉や檜の山を三千ヘクタールほど所有しているそうだ。

矢倉甚兵衛氏に家系図のコピーをいただいた。それによれば矢倉家の先祖（初代）市左

衛門は宝暦十三年（一七六三年）に亡くなっている。矢倉家の出自、矢倉神社との関係などについて甚兵衛氏は「何もわからない」という。

串本駅の西側、線路沿いに矢野熊の矢倉神社がある。大正時代の石の鳥居をくぐるとクスノキやタブノキの下に石で囲まれた区域があり、中に井戸がある。現在は水たまりだが、昭和十五年（一九四〇年）に紀勢西線が串本まで開通する以前は水がこんこんと湧いていたそうだ。線路が水源を断ったのだろう。

民俗学者の野本寛一氏は、ここは井戸を祀る無社殿神社だとして、次のような伝説を紹介している。「昔、神様が一本の矢になって天から降られた。その落ちた所が井戸となって美しい水が湧き出し、人々はこの井戸を御神体として〝矢倉様〟と呼ぶようになったという[*2]」

矢野熊の矢倉神社は矢倉甚兵衛氏のお宅から遠くない。矢倉を「やぐら」と発音するのも同じだ。地元の名士として神社との関わりは深いと思ったが、甚兵衛氏の答えはいささか意外だった。

「神社の近くに住んでいた田島家が長年、そのめんどうを見てきた。串本の矢倉姓の家には二つの流れがあり、矢倉神社に関係したのは、うちとは別の家系の方だったのではないか。七月の祭りには我が家では祖母や母が参加したけれど、私の父は行かなかった。父から矢倉神社のことを聞いた記憶はありません」

史料に乏しいものの、矢倉家の先祖が十八世紀後半ぐらいまでしかさかのぼれないこと、近くの矢倉神社との関わりも濃密ではないことなどから、山林地主の矢倉家が矢倉社の命名と関連した可能性は薄いと思われる。

### ②七上綱の矢倉家から名付けられた、という推測

上皇《じょうこう》や法皇《ほうおう》の熊野御幸《ごこう》が盛んだった平安時代、熊野三山の神職や社僧を束ねて権力を握っていたのが熊野別当である。熊野別当が確かな文献に登場するのは、藤原行成《ゆきなり》の日記『権記《ごんき》』の中で、長保二年（一〇〇〇年）にその名が出てくる別当増皇《ぞうこう》という。白河上皇の御幸の功績によって寛治四年（一〇九〇年）に法橋《ほつきょう》（朝廷が認定する僧位）に叙せられた別当長快の実力は名高く、その後、熊野別当の最盛期となる。

しかし、熊野別当の力は承久三年（一二二一年）の承久《じょうきゅう》の乱（後鳥羽上皇が鎌倉幕府討幕をめざし失敗する）に続く内部抗争などで衰退する。歴史の表舞台から消えた別当家に代って熊野地域を取り仕切ったのが別当家の流れを汲む七上綱（七人衆）だった。すなわち宮崎、蓑嶋《みのしま》、矢倉（後に鵜殿《うどの》）、瀧本、中曾（中脇）、芝、楠（新宮または新）の各氏である。

『熊野年代記』は応永七年（一四〇〇年）の項で「正月七人上綱上京し、各位階す」と記す。昭和十二年（一九三七年）発行の『新宮市誌』は「この時より七上綱は官庁の体裁を具《そな》へたるものなるべし」と解説している。七上綱はその後、新宮に現れた堀内氏に実権を奪われ、矢倉氏も鵜殿氏に引き継がれていく。

七上綱のひとり矢倉氏の出自は明らかではないが、ちょっと気になるのは矢倉氏の本拠が新宮市街地に今も残る明神山にあったこと、そこに矢倉明神が鎮座していたことだ。『続風土記』は新宮城下新宮町の項で、矢倉明神社の存在を記している。

〇矢倉明神社　祀神　熊野樟橡日命
馬町の内岩山の半腹にあり　因《よ》りて矢倉明神と称す

矢倉明神社の跡は明神山の中腹の削られた場所という。同社は明治四十年（一九〇七年）九月に熊野速玉《はやたま》神社の境内社だった金刀比羅神社に合祀された。

当時、新宮に住んでいた教育者・郷土史家の小野芳彦はその遷座の様子を日記に残すとともに、神社合祀反対運動をしていた南方熊楠に手紙を出し、由緒ある神社が一方的に合祀されることへの憤慨をぶちまけている。[*3]

『熊野年代記』には正嘉二年(一二五八年)に「新宮の矢倉氏が信濃守《しなののかみ》になり、牛鼻神社(三重県紀宝町)を司祭する」という記述もある。矢倉氏の存在がそこまでさかのぼれるなら、矢倉明神は矢倉氏にちなんで命名された、という見方ができるかもしれない。しかし、江戸中期に作成された『熊野年代記』は近世の記録はともかく、古代・中世の記述の信頼性は低い、という指摘もある。[*4]

『熊野年代記』から矢倉神社の命名由来を引き出すのは難しいと思う。

もうひとつ、新宮・明神山の矢倉明神社はもともと「高倉王子」と呼ばれていたのではないか、という山﨑泰氏の指摘に注目したい。

後鳥羽天皇・上皇の寵愛を受けた修明門院が承元四年(一二一〇年)に行った熊野詣の記録に『修明門院熊野御幸記』がある。[*5]

本宮から船で新宮に向かった一行は、熊野川河口の阿須賀《あすか》王子(阿須賀神社)に奉幣した後、「御高蔵王子」を参拝した、と記されている。「高蔵王子」は神倉山のことではないかという解釈もあろうが、神倉山は「王子」と呼ばれたことはない。阿須賀王子の近くという記述から、それは『続風土記』に矢倉明神社とある社のことではないか、というのは卓説だと思う。

それを裏付けるように、『新宮市誌』の社寺教会誌は「村社高倉神社」の項で「又矢倉明神社といふ、矢倉町にあり」として、明治九年（一八七六年）の神社調査書と『続風土記』を引用している。山﨑氏によれば、昭和二十七年（一九五二年）十月八日付の『紀南新聞』は郷土史家の永広柴雪《えひろさいせつ》の文を載せており、その中に「矢倉町は今石採り場となっている明神山の下に高倉神社一名矢倉神社と称する氏神様があり、矢倉町の名はこれから起こったものだろう」という一節がある。

**写真1**　新宮市内の明神山。中央左の階段の上あたりに矢倉明神社があったようだ

今も新宮市街地に残る明神山はさしたる高さはないが、当時の街道から見上げる岩山は迫力があったろう（**写真1**）。明神山の一角の拝所が「高蔵（倉）王子」と呼ばれたとしても不思議ではない。そこに近世になって近隣から「矢

倉」の名が入ってきたのではなかろうか。『続風土記』は新宮の矢倉明神社が「岩山の中腹にあるから矢倉明神というのだ」と説明している。この後で述べるように、南紀の河川の中上流部には火山性の岩山がそこここにある。その風景の連想が「高倉」に「矢倉」の名をかぶせたのかもしれない。七上綱の一角、矢倉氏の記憶が加味された可能性もある。明神山では、明治以降もしばらく「矢倉」と「高倉」が併せて使われていたのだろう。

いずれにしても、新宮の明神山は矢倉神社（矢倉明神）の名前の発祥の地とは言い難く、七上綱の矢倉氏もその命名由来とはかかわりないと思われる。

### ③地形から命名された、という推測

私は「矢倉」の名は周囲の地形から名付けられたのではないか、と考えている。三番目にそれを考察してみよう。

『続風土記』には「クラ」や「ヤ」の語源について言及したくだりが五か所ほどある。

前述の新宮城下の矢倉明神社の項で以下のような説明がなされている。

方言に山の嶮峻《けんしゅん》なるを倉といふ事神倉の條下にいへるか如し　諸荘に嶮峻の巌山《がんざん》に

祭れる神を矢倉明神と称する事多し　大抵は皆巌《いわお》の霊を祀れるにて別に社なし　矢倉の也は伊《い》波《わ》の約にて厳倉の義ならむ

熊野地方では山の険しく厳しい部分を「クラ」といい、そこに宿るカミを矢倉明神と称し、多くは社殿がない。「ヤ」も同じように巌を表わす、といった解説である。この解説は南方熊楠が「人柱の話」の中で引用したことで広く知られるようになった。[*6]

新宮城下の神倉山に鎮座する神倉社のところでも「クラ」の説明がある。神倉社は高倉下命を祀る。『続風土記』はここで「タカクラジ」の語義について言及する。「クラ」に久良の字をあてているが、解釈は矢倉明神社の項とほぼ同じだ。

神名（高倉下命――筆者注）の義　倉は久良といふ借字にて倉庫なとの義にあらす　久良は暗き義にも坐の義にもいへと此《この》久良は峻《けわし》く聳《そび》えたる形の峯をいふ古言なり　古書に梯立《はしだて》の倉橋山高倉山並倉山岩倉山暗部山鎌倉山なといふ名の久良みな山嶽の峻《しゅん》なるより名つけたる事梯立の倉はしといふ詞《ことば》にても知るへし　他にて嶽又岩山なといふ峻き嶽を熊野山中にては久良といふ　さて其《その》久良の下に坐す神なれは倉下とは称《とな》へた

るなり

倉橋山は奈良県桜井市にある山。万葉歌人に好んで詠まれ、「梯立の」が枕詞《まくらことば》になっている。高倉下については「（穀物）倉庫を管理していた」という説もあるようだが、私は『続風土記』のように「岩壁の下に本拠を置いていた人物」を神と讃えたという解釈を取りたい。

一方、牟妻郡周参見《すさみ》荘太間川《たいまがわ》村の日生《ひおう》矢倉明神森の項では「矢＝谷」の解釈だ。

按《あん》するに矢は谷《や》なり　倉は大巌をいふ　谷中石巌ある所をいふなるへし　又鎌倉の俚語《りご》に窟《いわや》を矢倉といふよし　大巌石窟の神の義にして山の神を祭れるなるへし

鎌倉周辺では、中世に作られた横穴式の墳墓を「やぐら」と呼ぶ。『続風土記』の筆者は物知りである。

また、牟妻郡市鹿野荘熊野《いや》村の地名由来として、以下の記述がある。

慶長検地帳に伊屋村とあり今猶《なお》彌谷といふ　彌谷は四面山嶺重畳《ちょうじょう》せる谷の義なり

伊也転して由也となり遂に熊野の字を用ふ

これらをみると「ヤ（イヤ）」は山間の谷を指し、周囲の山々の頂に大岩（「クラ」）がせり出す、といった熊野で馴染みの光景が浮かぶ。

無社殿の矢倉神社を訪ねまわった印象からいうと、谷間から石巌を見上げたときの感動と畏怖《いふ》が「矢倉」の名称になったという解釈が一番うなずける。熊野地方には太古の火山活動がつくった大岩や岩壁がそこここに存在する。

もうひとつ、牟婁郡三栖《みす》荘長瀬村にある「大倉」の説明も挙げておこう。

○大倉
伏菟野村《ふどのむら》（長瀬村の隣村——筆者注）境谷狭くして纔《わずか》に細径《さいけい》を通す　径の左鷹尾山の東面嶮峻にして切岸の如き大巌あり　高さ二町　名つけて大倉といふ　倉は壁巌の名なり　大倉より少し劣れるを小かね倉といふ

以上、『続風土記』から「ヤ」「クラ」の語源について五例を紹介した。矢倉明神の「矢倉」は南紀地方に多い地形、それも谷筋から岩壁を見上げるような場所で、樹木や大岩を崇《あが》めたところから命名されたのではなかろうか。カミは天空から岩壁を経て樹木や磐座《いわくら》に降臨する、と信じた古代人も少なからずいただろう。

「矢倉」の名がいつごろつけられたか、はわからない。船材や建材を求めて、河口から古座川や日置川などの上流域に入っていった海の民が、自分たちに恩恵をもたらしてくれる樹木を崇拝した。矢倉明神社や矢倉明神森に「木を神として祀る」ところが多かったことは、そんな想像をもたらす。そうだとすれば、最初に付けられた社名が各地に広がっていったのだろう。

だが問題は残る。熊野には「地主神社」「山神森」といった名の無社殿神社も数多い。例えば、西牟婁郡すさみ町の太間川の中流、熊野古道・大辺路沿いの地主神社である（地元では「じのし」と発音する）。同社は斜面につくられた石組みの両脇に石灯籠が立つ典型的な「矢倉系」神社だ（百十九頁の写真参照）。その上流にある上村の矢倉神社（日生矢倉明神森）や下村の矢倉神社のように、なぜ「矢倉」の名がつかなかったか説明しにくい。

山神森は文字通り山の神を祀っているから樹木信仰で無社殿も少なくない。牟婁郡栗栖《くりす》川荘西谷村の山神森のように「社を建つれは祟《たたり》ありと云ふ」と禁忌《きんき》を明示する例もある。

ちなみに『続風土記』から牟婁郡の地主社や山神社を拾うと次のようになる。

［地主社］

▼地主社（芳養《はや》荘東山村）▼地主明神社（田辺荘瀬戸村）▼地主社（岩田郷市瀬村）

▼地主明神社（栗栖川荘芝村）▼地主社（安宅荘小房村）▼地主大明神森（城川荘小川村）

▼地主神森（同荘矢野口村）▼地主社（周参見荘口和深村）▼地主神社（同荘見老津《みろづ》浦）

▼地主明神社（三里郷土河屋《つちごや》村）▼地主社（本宮部本宮）

［山神森］

▼山神森（田辺荘新荘村）▼山神社（同荘鉛山村）▼山神森（岩田郷朝来《あさこ》村）＊7

▼山神森（栗栖川荘西谷村）▼山ノ神社（同荘石舟村）▼山神森（市鹿野《いちかの》荘古屋村）

地主神社や山神森のほかに、産土《うぶすな》神社と呼ばれた社も郡内に少なくない。また狼森、木《こ》葉《の》神社という名をもつ社もある。『続風土記』で「小祠《しょうし》」としか記録されていない社を含めると、素朴な名前の拝所はかなりの数にのぼったはずだ。

すさみ町の歴史や神社に詳しい木村甫《はじむ》氏（昭和七年生まれ）は「神社名に矢倉が付いた

のは、さほど古いことではなく近世ではないか。当初は地主社とか山神森といった拝所が改名したのだろう」と私に語った。私もそう考えていたので我が意を得たりの感があった。

地主社や山神森は、その通り純朴でいい名前だが、ありきたりでもある。「もう少し、もっともらしい、ありがたい名前を付けたい」と願った人が、あたりの地形から「やぐら」と呼び、矢倉の漢字をあてた。そんな経緯があったのではなかろうか。中世の史料に「矢倉明神」という名称が出てくれば別だが、いまのところその命名は近世になってからと考える。なお史料の発掘やご高説を待ちたい。

高倉神社（高倉明神）のことは次章で述べるが、これも古来、地主社とか○○森と呼ばれていた拝所に高倉下命が勧請され、名前が変わったのではないか。

神社の名前は往々にして変わる。まして自然信仰というルーツが同じだから、「矢倉」と「高倉」は入り混じることがある。

明治十二年（一八七九年）からの記帳のある『東牟婁郡神社明細帳』（和歌山県立文書館蔵）によれば、古座川流域の東牟婁郡立合村と峯村（現在、同郡古座川町）の矢倉神社の祭神は高倉下命だ。

串本町高富にある矢倉神社の祭神も高倉下命である。同社の祭りを詳細に描いた畑下美智子氏の報告「高富　矢倉神社と祭り[8]」の写真には「高倉神社」と書かれた幟《のぼり》が写っている。

『新編　和歌山縣神社誌』（和歌山県神社庁編、二〇一〇年）によると、同社は江戸時代は鎮守社といわれ、東雨《あずまめ》・二部両村の氏神だった。明治元年（一八六八年）に社名を二部神社と変え、明治十一年（一八七八年）さらに矢倉神社に改称した。

「高富　矢倉神社と祭り」によれば、明治初年のころ同社は「二部社」とも「矢倉社」とも呼ばれていた。それが「矢倉社」に一本化した理由について、土地の長老の「矢倉氏（山林地主の矢倉家）の持ち山へ宮さん作ったから矢倉社と言うのだ。神社庁への届けは矢倉神社となったけど、土地の者は高倉神社と言う。宮の幟も高倉神社になっている」という談話を紹介している。

## 三　紀和町の矢倉神社について

さきにみたように『続風土記』が記す矢倉明神社、矢倉明神森は、現在の西牟婁郡白浜町、同すさみ町、東牟婁郡古座川町、川筋でいえば日置川、太間川、古座川流域に集中している。「矢倉」の命名もこの地域から起こったのではないかと推察されるが、気になる

小森矢倉神社
国道 169 号
北山川
熊野市
板屋矢倉神社
矢ノ川矢倉神社
湯ノ口温泉
北山川
風伝峠
国道 311 号
矢ノ川矢倉神社旧社地
御浜町
熊野川

ことがひとつある。この章のはじめの一覧の⑲矢倉明神社だけ、尾呂志荘矢野川村（現在の三重県熊野市紀和町矢ノ川）と、外れた場所にあることだ。現地を訪ねてみた。

『続風土記』に載っているのは一社だけだが、今、紀和町には矢倉神社が三か所にある。鉱山資料館のある板屋地区の手前の国道三一一号沿い、板屋地区内、そして小森地区のダム湖に面した社である。いずれも熊野櫲樟日命《くまのくすひのみこと》を祀り、矢ノ川と板屋の矢倉社は明治四十一年（一九〇八年）二月に紀和町小栗須《こぐるす》に鎮座する入鹿八幡宮に合祀された。

このうち矢ノ川の矢倉神社は昭和六十年（一九八五年）に現在地に移転された。旧社地は『続風土記』が「村の巳の方（南南東）五町余（五百数十メートル）にあり」と記すように矢倉川から延々と続く石段を上った山中にある。二〇一二年九月十二日、地元の杉村吉保氏（昭和六年生まれ）の案内で旧社地を訪れた。

矢ノ川集落のはずれで国道三一一号と別れ、南の方へ旧道を十分ほど歩いて川を渡った。以前は橋があったが今はなく、浅瀬を越えた。増水した時は渡れない。川を渡った所から石段がまっすぐ上に続いている。昔の街道につくった矢倉明神への参道である。全部で三百六十段あるそうだ。「村人が一日一枚、一日一段と積み上げ一年かかったといいます」

**写真2**　矢ノ川矢倉神社の旧社地

と杉村氏。

石段を上りきった所は峠で、右手に平らにならされた場所があった。そこが旧社地である（**写真2**）。平成六年（一九九四年）発行の『紀和町史』別巻には郷土史家の前千雄《ゆきお》氏が撮影した写真が載っている。そこには木の鳥居と木製の小さな社が写っているが、今では鳥居はバラバラに倒れ、社殿も崩れて存在しない。もともと無社殿だったのだろう。

石組みの背後に杉の大木が二本、空に伸びていた。明治四十一年（一九〇八年）の合祀の時に植えたそうだから、百年を超す。「クスヒノミコト」が祭神だから、元はクスノキを崇めていたのかもしれない。

「こんな山中になぜ」と思ったが、杉村氏によるとこの道は「片川越え」といって御浜町の片川集落の上を通り、紀和町と新宮を結ぶ最短コースなのだという。北山川・熊野川の筏《いかだ》流しが盛んだった昭和三十年ごろまで、この道は河口の新宮まで木材を運んだ筏師たちが櫂《かい》を担いで我が家へと戻った道だった。その峠に「クスヒノカミ」を祀る拝所をつくり、安全と繁栄を祈ったのは理解できる。

明治四十一年の合祀後も村人たちは旧社地で毎年祭りをしてきた。

「旧社地を放っておいたら、悪い出来事が重なった。『これは神様を祀らないからだ』となって、お祭りをするようになったと聞いています。十一月二十三日の祭礼には、せんべいや駄菓子を売る店も出てにぎわった。大きな杉の切り株の上から餅まきをしました。でも村人が高齢化し、ここまでのぼってこられなくなったので、昭和六十年に下に降ろしたのです」と杉村氏は少し寂しげに語った。

『紀和町史』別巻によると、入鹿八幡宮に矢倉神社の棟札十六枚が納められており、一番古いのは享保六年（一七二一年）の棟札だという。二〇一六年三月十四日、入鹿八幡宮の須﨑行雄宮司の許しを得て、江戸中期の享保時代から明治三十二年（一八九九年）までの十六枚を実見することができた。

**写真3**　享保6年の矢倉大明神の棟札（入鹿八幡宮収蔵）

享保六年十一月十一日の棟札（写真3）には「奉矢倉大明神建立成就之所」とあり、庄屋や肝煎《きもいり》、そして大工の名や「当村各々家内安全氏子繁昌」の文字が墨書されている。「矢倉」の社名が確認できる古い史料として貴重なものだ。十六枚を調べると、江戸時代の棟札には矢倉大明神、明治に入ると矢倉神社と書かれており、名称が「明神」から「神社」に変わったこともわかる。

ただ、矢ノ川の矢倉神社（旧社地）の歴史が古いからといって、そこから「矢倉」の社名が古座川や日置川方面に広がったということはあるまい。旧社地は筏師の道だった。彼らや山仕事に携わる人が、矢倉社が多く、木材の伐採や筏流しも盛んだった古座川などの方面から取り入れた名前だったのではなかろうか。前述のように「やぐら」は「ヤ＋クラ」で地形から命名されたと私は考えている。火山活動がつくった似た風景が少なくない熊野地方で「やぐら」の名が別々、独自に付けられた可能性も全くなしとはいえまい。

一方、紀和町小森地区の矢倉神社は『続風土記』に記載はないが、その歴史は古い。小

写真4　紀和町小森の矢倉神社

森は和歌山県の飛び地、北山村と北山川を挟んで向かい合う場所にあり、春は桜の名所だ。矢倉神社は小森ダムでできた湖の脇にある。現在は、ダム湖畔から少し高い場所に、鉄柵で囲われた比較的新しい社殿があり、周囲は掃き清められている（写真4）。

紀和町教育委員会編の『紀和町誌』第二集（一九七四年）に当時の紀和町文化財保護委員、西岡正男氏の「小森見聞記」が載っている。そこに、明治八年（一八七五年）に小森神社祠掌の大井見龍が時の渡会《わたらい》県令久保断三に提出した「神社取調名細簿」の紹介がある。

紀伊国牟婁郡小森村　　大井村へ二十六町二十四間
字大和田鎮座
村社　矢倉神社　式外　氏子四十九戸人員二百五人
祭神一座　不詳
勧請　至徳二年十月二十日
神殿　桁行四尺　梁《はり》行三尺　高七尺五寸　屋根板葺
拝殿　之無
末社　無之
社務所　無之
祭日　十一月一日
造営　二拾壱年目氏子中にて造営仕候
社地反別　五反六畝八歩　無税地
距庁　三拾八里四拾四丁四十三間
由緒　無之
右之通相違無之候也

小森村　組頭　山本亀吉

同村戸長　鈴木卯一郎
矢倉神社祠掌　大井見龍

至徳二年は一三八五年、室町時代である。勧請の時に「矢倉」の名がついていたかどうかは、棟札などが残っていないのでわからないが、『紀和町誌』別巻に記された前千雄氏の調査によれば、小森の矢倉神社には享保十四年（一七二九年）の棟札が残されており、そこには「御造工奉仕矢倉大明神」と墨書されている。その棟札で、同社が江戸中期に「矢倉」の名を冠していたことがわかる。

地理的に見て、牟婁郡尾呂志荘に属していた矢ノ川や小森の地から「矢倉」の社名が日置川や古座川流域などに広がったとは考えにくいが、「矢倉は谷＝ヤと岩壁や山中の岩塊を表わすクラから名付けられた」という私の推測が正しければ、その勧請や命名は矢ノ川と同様に、筏師をふくむ山林関係者によってもたらされたのではなかろうか。

＊1　『紀伊續風土記』二・三（歴史図書社、一九七〇年）。以下、本書での『紀伊続風土記』の参照、引用は同書による。

＊2　野本寛一『熊野山海民俗考』（人文書院、一九九〇年）。野本氏は「かつては漁師の家の老婆達が毎朝、

桶に潮水を汲んできてその潮水を拝所に注ぎ、豊漁と船の安全を祈って、帰りに水をいただいて帰ったものだという」とも書いている。

＊3　「南方二書」は東京帝国大学の植物学教授、松村任三宛の南方熊楠の書簡二通を、柳田國男が冊子にまとめ、神社合祀反対運動のため関係者に配布したもの。その中に引用された小野芳彦の南方宛ての手紙に次の一節がある。

已《すでに》当新宮町如き合祀を断行致し、渡る御前社（神武天皇を奉祠し、尤《もつと》も民の信仰深し）を始め、矢倉神社、八咫烏《やたがらす》神社如き由緒旧く、来歴深く、民衆の崇仰特に厚かりし向きをも、一列一併に速玉神社境内なる琴平社と飛鳥社とに合祀し了《おわ》れるのみならず、当時矢倉町なる矢倉神社、船町の石神社、奥山際地なる今神倉神社（祭神熊野開祖高倉下命の御子天村雲命《あめのむらくものみこと》）の如きは、既に公売に附し畢《おわ》り、石段は取崩され樹木は伐採移植せられ、神聖なる祠宇《しう》は群児悪戯の場と成り、荒涼の状《じよう》真に神を傷《いた》ましむる者有之《ものこれあり》候。

（原本翻刻「南方二書」南方熊楠顕彰会、二〇〇六年）

＊4　山本殖生「『熊野年代記』の成立と史料批判」（『熊野誌』四十二号、一九九六年）。

＊5　『神道大系　文学編五　参詣記』（神道大系編纂会、一九八四年）。

＊6　南方熊楠「人柱の話」（『南方熊楠全集2』平凡社、一九七一年）。

＊7　「朝来」は、現在では「あっそ」と読む。

＊8　「高富　矢倉神社と祭り」（『潮崎荘3　串本町内の祭り』串本町教育委員会、一九八七年）。

# 第二章　洞尾の地名と樹木信仰

## ——古座川流域の矢倉系神社

## 一　『紀伊続風土記』と現在

熊野は無社殿神社の宝庫だ。山、大岩、滝、大樹などへの畏怖《いふ》と崇拝は祈りの原点であり、仏教伝来前の信仰の様相を私たちに伝えてくれる。神社が社殿を持ち、カミがそこに「常駐」するようになる以前の古層とあちこちで出会うことができるのは、熊野の魅力のひとつだ。

この自然信仰を掘り起こし、「矢倉《やぐら》神社群」という名でまとめ、自らの足でそれらの分布地図を作製したのは宮本誼一氏の功績である。[*1] 同氏によれば、大辺路《おおへち》筋に点在する矢倉神社はもちろんのこと、那智の滝も神倉山も花の窟も「矢倉神社群」の範疇に入る。

野本寛一氏は、島や井戸、丸石なども含めた熊野の無社殿神社を「神々の座」として分類・分析した。[*2]

無社殿神社は和歌山県の日置川（西牟婁郡白浜町）、古座川（東牟婁郡古座川町）、太間《たいま》川（西牟婁郡すさみ町）、赤木川（新宮市熊野川町）などの河川流域に多い。

「矢倉」については天保十年（一八三九年）に完成した紀州藩の地誌『紀伊続風土記』の「方言に山の嶮峻《けんしゅん》なるを倉といふ（中略）嶮峻の巌山《がんざん》に祭れる神を矢倉明神と称する事多

し　大抵は皆巌《いわお》の霊を祀れるにて別に社なし　矢倉の也は伊《い》波《わ》の約にて巌倉の義ならむ」の記述が引用されることが多い。しかし平地や河口近くに鎮座する矢倉神社もあって、その命名由来や社名が近世以前にまでさかのぼれるか、などは検討課題である。

この章では古座川流域の矢倉系神社に絞って、『続風土記』の記述順に、現状との比較、関連地名についての推測、合祀の実情などを報告したい。二〇一五年一月二十三日、二月四日、同二十四日、三月三日に行った現地調査にあたって神保圭志、上野一夫、山本隆寿氏の協力を得た。

まず、『続風土記』の神社（森）が現在のどの神社になるか、を見てみよう。四十六・四十七頁の表は古座川流域の矢倉系神社の変遷を、四十八頁の地図はそれらの場所を示す。表の作成に神保氏の協力を得た。『東牟婁郡神社明細帳』は明治時代の神社台帳である。

▼表①「神殿《こうどの》明神森」（『続風土記』・牟婁郡三前《みさき》郷高川原村）は「木を神体とす」とある。これは十一月に行われる火焚《ひたき》神事で有名な「神戸《こうど》神社」（古座川町高池・地図①）である。今も社殿はない。

▼表②「矢倉明神森」（同郷池山村）も木を神体としていた。現在の八坂神社（同町池野山・

## 古座川流域の矢倉系神社

| | 『紀伊続風土記』名称 | 『紀伊続風土記』所在 | 『紀伊続風土記』付記 | 『東牟婁郡神社明細帳』名称 | 『東牟婁郡神社明細帳』所在 | 『東牟婁郡神社明細帳』付記 | 現状 名称 | 現状 所在 | 現状 付記 |
|---|---|---|---|---|---|---|---|---|---|
| ① | 神殿明神森 | 牟婁郡三前郷高川原村 | 木を神体とす | 神戸神社 | 高池町高池宮ノ下 | | 神戸神社 | 古座川町高池 | 地図①（火焚神事） |
| ② | 矢倉明神森 | 牟婁郡三前郷池山村 | 木を神体として社なし　祭神今牛頭天王とするは誤なり | 八阪神社 | 高池町池野山下ノ和田 | 杉ノ木ヲ神体トス　祭神素盞嗚命 | 八坂神社 | 古座川町池野山 | 地図② |
| ③ | 河内明神 | 牟婁郡三前郷宇津木村 | 巌山の小島なりこれを神とし祠り（中略）氏神とす | 河内神社 | 高池町宇津木下宇津木 | 社殿ナシ　川中ノ島ヲ祭ル | 河内神社 | 古座川町宇津木 | 地図③（河内祭） |
| ④ | 秡明神森 | 牟婁郡三前郷月野瀬村 | 櫟木を神木として祭る　古より社なし | 秡神社 | 高池町月野瀬オノ谷 | 社殿ナシ | 祓神社 | 古座川町月野瀬 | 地図④ |
| ⑤ | 矢倉明神 | 牟婁郡三前郷立合村 | 岩を祀る | ※明神村川口大山の明神神社の由緒に明治四十年九月「明神村立合上新ノ瀬鎮座　矢倉神社合祀」とある | | | 山の神 | 古座川町立合 | 地図⑤ |
| ⑥ | 矢倉明神森 | 牟婁郡三前郷峯村 | 木を神とす | ※同明神神社の由緒に同年同月「明神村峯瀬戸鎮座　矢倉神社合祀」とある | | | 矢倉神社 | 古座川町峯 | 地図⑥ |
| ⑦ | 矢倉明神森 | 牟婁郡三前郷相瀬村 | 社なし　日南川村と持合といふ | ※同明神神社の由緒に同年同月「明神村桐瀬前平鎮座　矢倉神社合祀」とある | | | 地蔵様 | 古座川町相瀬 | 地図⑦（女神像） |
| ⑧ | 宝大神森 | 牟婁郡三前郷洞尾村 | 社なし　空神を祭るといふ | ※三尾川村三尾川の八幡神社の由緒に明治四十三年二月「三尾川村洞尾寺地鎮座　矢倉神社合祀」とある | | | 矢倉神社 | 古座川町洞尾 | 地図⑧ |
| | | | | | | | ※『東牟婁郡誌』に「宝神社　在洞尾村」とある | | |

| | | | | | | | |
|---|---|---|---|---|---|---|---|
| ⑨ | 矢倉明神社 | 牟妻郡三前郷大川村 | 村中にあり | ※同八幡神社の由緒に同年同月「三尾川村大川下硲鎮座　中瀬神社合祀」とある | ※旧県道（国道三七一号）拡張工事に取り込まれ跡なし | | 地図⑨ |
| ⑩ | 宝山明神社 | 牟妻郡三前郷大川村真砂 | 境内森山 | ※同八幡神社の由緒に同年同月「三尾川村大川真砂鎮座　森川神社合祀」とある | 宝山神社 | 古座川町真砂 | 地図⑩ |
| ⑪ | 矢倉明神社 | 牟妻郡三前郷三尾川村 | 小名追の野にあり | ※同八幡神社の由緒に同年同月「三尾川村追野々鎮座　矢倉神社合祀」とある | ※古座川町追野々集落の林中に斜面を四角に掘った場所がある | | 地図⑪ |
| ⑫ | 矢倉明神森 | 牟妻郡七川谷郷井野谷村 | 木を神とす | ※七川村平井下地向平の若宮八幡神社の由緒に「七川村平井井ノ谷鎮座　矢倉神社を西川丸山神社を経て大正五年十一月に合祀」と記されている | 矢倉神社 | 古座川町平井井ノ谷 | 地図⑫ |
| ⑬ | 小祠一社 | 牟妻郡色川郷楠村 | | 地主神社　高池町楠上地　社殿ナシ | 地主神社（木葉神社） | 古座川町楠 | 地図⑬ |
| ⑭ | （記載なし） | | | （記載なし） | 矢倉神社 | 古座川町滝の拝 | 地図⑭ |
| ⑮ | （記載なし） | | | （記載なし） | 矢倉神社（河内神社近く） | 古座川町宇津木 | 地図⑮ |

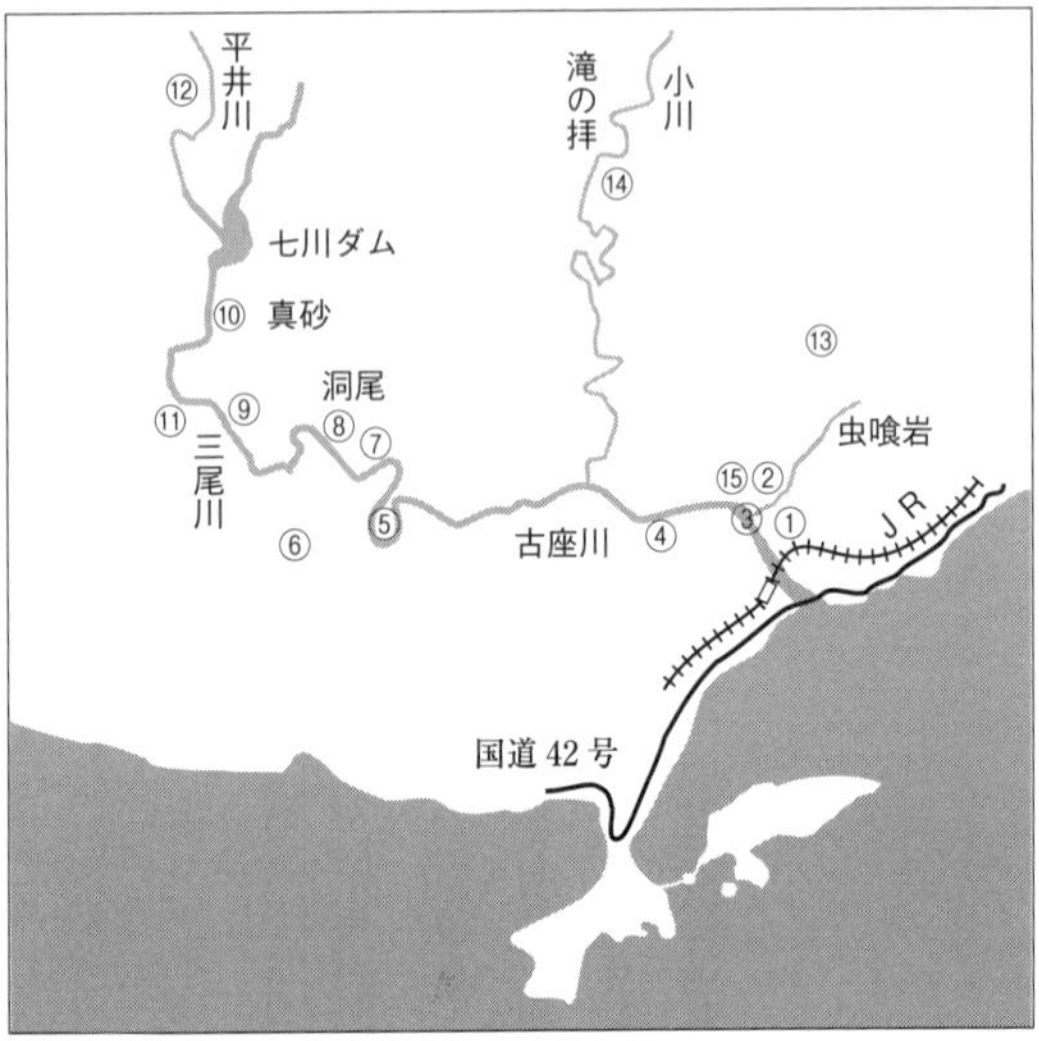

古座川流域の矢倉系神社

地図②）と推定される。神戸神社の祭りの晩はここでも火焚きがある。

▼表③「河内《こうち》明神」（同郷宇津木村）は「巌山の小島なり　これを神とし祠《まつ》り高川原古田宇津木月野瀬四箇村の氏神とす」とある。現在の河内神社（同町宇津木・地図③、**写真１**）で、地元では「こおったま（河内様）」と呼ばれる。七月の河内祭で御船が「こおったま」をまわる夜籠り神事は幻想的だ。

▼表④「秡《はらい》明神森」（同郷月野瀬村）は「一丈廻りの櫟木を神体として祭る　古《いにしえ》より社なし」とある。「櫟」は古来「クヌギ」とも「イチイ」とも読まれた。熊野権現は大斎原《おおゆのはら》（本宮大社の旧社地の中洲）の一位（イチイガシ）の梢《こずえ》に降臨したといわれる。秡明神森の櫟木はイチイガシかもしれない。現在名は

**写真1**　川中の河内神社。地元では「こおったま」と呼ばれる

**写真2**　祓神社

祓《はらえ》神社（同町月野瀬・地図④、写真2）。十一月の祭礼日、崇敬者たちは対岸の月野瀬地区から小舟に分乗して社に向かう。

▼表⑤「矢倉明神」（同郷立合村）は、このあたり樹木がご神体だった社が多いなかで『続風土記』は「岩を祀る」とする。この矢倉社は古座川町立合集落から急な山道を登ったところにある神社（地図⑤）と思われる。新しそうに見える木の祠があり、中に金属の鏡が納められている。天明五年（一七八五年）の石灯籠が立っている。地元の人によると一昔前まで「山の神」の祭りが行われていた。矢倉明神について『続風土記』は「又地主神ともいふ」と記している。現在の社名ははっきりしない。

▼表⑥「矢倉明神森」（同郷峯村）は、古座川町峯にある矢倉神社のことだ（地図⑥）。杉林の中に石組みが残り、背後にスダジイやカゴノキの大木が林立している。集落の人に「祭神は?」と聞いたら「サルタヒコ」という答えが返ってきた。この後に出てくる洞尾《うつお》村の「宝大神森《たからおおかみのもり》」について『続風土記』は「空神《そらがみ》を祭るといふ」と記している。空神↓天狗↓猿田彦という連想だろうか。

▼表⑦「矢倉明神森」（同郷相瀬村）は「村中にあり社なし」とあるが、現在のどの神社に相当するかは明確でない。古座川町相瀬の古座川を見下ろす高台に「地蔵様」と呼ばれる社があり、それが候補だ（地図⑦）。小ぶりだが立派な石の祠の中に女性の木像が安置されている（**写真3**）。唐草模様の小袖のような衣服を身にまとい、涼しげな眼をした女神像だ。

　現場で出会った洞ミユキさん（大正十四年生まれ）によると「もともと対岸にあったが享保のころの水害でこちらに移した。明治の合祀で川口（古座川町川口）の明神神社へ合祀され、戦前は川口まで通った。戦後、神様（女神像）とともにこちらに戻した」そうだ。

**写真3**　地蔵様の石祠におさまる女神像

　『続風土記』には相瀬村の矢倉明神森が「日南川《ひなたがわ》村と持合《もちあい》といふ」とある。享保年間は江戸中期、『続風土記』が完成したのは後期の天保年間だ。神保氏は「旧日南川村は一枚岩（古座川左岸にある巨岩。国の天然記念物）を隔てて旧相瀬村と隣同士。水害で対岸から相瀬に遷されて、神様を共有できるようになったのではないか」と推測する。

▼表⑧「宝大神森」（同郷洞尾村）は現在、古座川町洞尾にある矢倉神社に間違いあるまい（地図⑧）。古座川の左岸に鎮座する。『続風土記』は「村中にあり社なし　空神を祭るといふ」と記す。享保四年（一七一九年）と、このあたりでは古い年代が彫られた石灯籠がある。そこから急な石段をのぼったところに小屋が建っているが、本来は無社殿だったろう。対岸には古来、信仰の対象になっていた「嶽《だけ》の森山」がそびえている。洞尾の地名と矢倉神社については第二節で私の考えを述べたい。

▼表⑨「矢倉明神社」（同郷大川村）は現在の三尾川橋の近くにあった。それは神保氏が古座川町役場三尾川支部に保管されている古い「字切図《あざきりず》」で確認した。「字切図」には大川字下硲《しもさこ》の川沿いに「神社」と記した場所がある。しかしそこは旧県道（現国道三七一号）の道路拡張工事に取り込まれてしまった（地図⑨）。明治時代に合祀された小社の多くは戦後、もとの場所に帰ってきたが、大川の矢倉社は戻る場所がなかったわけだ。

▼表⑩「宝山明神社」（同郷大川村真砂《まなご》）は国道三七一号の真砂バス停から山のほうへ階段を登った廃村の真ん中にある。今は宝山神社という（地図⑩）。『続風土記』は真砂について「七川谷《しちかわだに》の諸村材木の類皆当所まで荷ひ出して舟に積む　故に此地人家多く町をなして近辺の諸村と異なり」とその繁盛ぶりを記している。地元の坂根弘晟《ひろあき》氏（昭和十年生まれ）によれば、昭和初期には六十軒もある集落だったという。戦後、「真砂船」からトラックに輸送手段が変わった。昭和二十八年（一九五三年）着工の七川ダムの工事期間中こそ賑わったものの、それもいっときだった。

『続風土記』に「境内森山」とあるから、ここも樹木信仰の場所だったと思われる。坂根氏は「宝山神社とも森山神社とも呼び、幟《のぼり》は二種類ある」と語る。神社は今、川沿いに住む五軒で掃除をしている。苔むした石段と、きれいに清掃された境内がすがすがしかった。

▼表⑪「矢倉明神社」（同郷三尾川村《みとがわ》）。『続風土記』は「小名追《こな》の野にあり」と記す。「小名」は小字《こあざ》のことだ。古座川町三尾川に追野々《おいのの》という地名がある。神保氏によれば、現在の追野々集落の林の中に斜面を四角に掘った場所があるという。そこが旧社地と思われる（地図⑪）。第三節で述べるように、矢倉明神社は明治時代に同じ三尾川村の八幡神社に合

写真4　井ノ谷の矢倉神社

祀され、戦後も旧社地には戻らなかった。

▼表⑫「矢倉明神森」（牟妻郡七川谷《しちかわだに》郷井野谷村）は「村端にあり　木を神とす」と書かれている。これは現在、古座川町平井の山中にある井ノ谷矢倉神社のことと思われる（地図⑫、**写真4**）。七川ダムから支流の平井川をさかのぼると「ゆずの里」として売り出した平井の集落に入る。その少し手前で国道と別れ、左手の渓流（井ノ谷）沿いの山道を進む。車を置いてさらに杉林をのぼったところに社があった。

　嘉永二年（一八四九年）と文久三年（一八六三年）の石灯籠の奥に石組みがあり、丸石が置かれていた。石組みの背後は、巨石にもう一つの巨石が覆いかぶさるようにある磐座《いわくら》だ。石と石の隙間が石組みの正面に位置しており、「聖なる空間」のようだ。この場所は過去に何度も水害や山崩れに見舞われた。今、大木は見当たらないが、山崩れで流されたのかもしれない。いかにも矢倉神社らしい風情のある社である。

▼表⑬『続風土記』の牟婁郡色川郷楠村には「小祠《しようし》一社」とある。現在、古座川町の東南の山中に位置する楠地区に「地主神社」（木葉神社とも呼ばれている）が鎮座する（地図⑬）。高池地区にある奇観「虫喰岩」から山道を分け入る、かなり奥まった場所である。神社の周辺に住んでいるのは五戸ほどだ。

この社のご神体は一風変わっている。宮地治邦氏が以前の地主神社例祭の模様を記した報告*3によれば、「二尺余の麻の紐に小竹の輪切りを二十余個ほどあたかも珠々玉《じゆずだま》の如く通したもの」という。その年の頭屋（当屋）は白衣を着て、一年間神棚に安置してあったご神体を首にかけて祭りに臨んだ。

現在、神社下に住んでいる人に聞くと、首飾りは「勾玉《まがたま》」の意で、ほかに鏡や小刀もあったというから、南朝・後南朝と関わりがあるかもしれない。十二月の祭りは内輪で行い、首飾りを身に付けることもないとのこと。ただ区長が古座まで潮汲みに行くという。

写真5　滝の拝の矢倉神社

▼表⑭の古座川町滝の拝にある矢倉神社（地図⑭）、表⑮の同町宇津木の河内神社近くにある矢倉神社（地図⑮）は、どういうわけか『続風土記』に記載がない。

滝の拝は古座川の支流小川《こがわ》の岩床を水流が削ってできた渓流瀑だ。その近くに暮らす礒田行智・好子夫妻宅の裏山に矢倉神社がある（写真5）。石段の上に石組みがあり、その中央に享保十七年（一七三二年）の石灯籠が置かれている。太地《たいじ》（東牟婁郡太地町）の人が寄進したと彫られているから、信者の範囲はかなり広かった。

背後にはイチイガシの巨木がそびえている。これがご神体だったのだろう。幹回りを測ったら四・六メートルもあった。二十年ほど前に大阪から移転した礒田氏によれば、神社は「矢倉さん」とよばれ、半世紀ほど前まで祭りの日は店が出るほど賑わった、という話を聞いたことがあるそうだ。

▼同じく『続風土記』に記載がない古座川町宇津木の矢倉神社は川中の「河内神社」の近くにある。天保十五年（一八四四年）の石灯籠に挟まれて、二段の石組みの上に平たい石が四個横に並べてある。中央部の石が祭神の祭壇で、脇の三つの上に地元の旧家がお供物をそなえるしきたりだという。ツガの大木がご神体だろうか。神保氏は「地域の神と屋敷神が一緒に祀られているとすれば面白い」と語っている。

## 二　洞尾矢倉神社について

古座川流域の数ある矢倉系神社のうち、私がとくに惹《ひ》かれたのは古座川町洞尾《うつお》の矢倉神社である（表⑧・地図⑧、写真6）。「洞尾」の地名ばかりでなく、『続風土記』で「宝大《たからおお》神森《かみのもり》」と呼ばれ、「村中にあり　社なし空神を祭るといふ」との記述にも興味を覚えた。

地名から考察してみよう。

『続風土記』は洞尾の地名由来について「洞尾の名義を考ふるに山の尾埼川に臨みて石巌うつろになりたるより宇都遠といふなり」と解説している。「尾崎《おさき》」は「山裾で、一段小高く突き出ている所」（『広辞苑』）を指す。洞尾あたりの古座川は湾曲し、流れも速い（写真7）。川に突き出した岩場に水流で窪《くぼ》みができる景観を「うつろ」（うつお）と評したのだろう。

洞尾は災害地名だという説もある。若林春次氏は「古語ウツはウチの古い形とあり、打ち、棄ちで地滑り地帯と思われる。過去に土砂崩れがあり窪地の端（尾）のこと。『地名は災害を警告する』（遠藤宏之著）では尾は端の方にある不安定な場所を示すとある」と

写真6　洞尾の矢倉神社

**写真7**　洞尾の矢倉神社近くの古座川

述べている。[*4]

また、採掘跡の穴など鉱山との関連を指摘する向きもある。太古の火山活動によって、熊野地方には銅を中心とした鉱山が少なくなかった。『熊野川町史』（通史編）は『南紀徳川史』を引用して「熊野銅山の箇所地の名」を列挙、古座では十か所の銅山名を挙げている。しかし同町史によれば、『南紀徳川史』が挙げた銅鉱山は「すべてが同時に稼行していたわけではなく、小規模で所在の不明な鉱山もあった」という。

『古座川風土記』は古座川町内にあった十九か所の鉱山跡の地図を載せている。[*5] 洞尾の近くには製錬も行っていたという蔵土《くろず》鉱山があったが、洞尾には鉱山跡の記載はない。洞尾が災害地名だという説は傾聴に値するが、鉱山絡みの連想には無理があるのではなかろうか。

では、「うつお」という地名は何に由来するのだろう。私は「海の民が丸木舟（うつろぶね・うつおぶね）を造った場所。つまり古代の『造船所』で、船材になる巨木への畏怖《いふ》と感謝を込めて、そこでカミを祀ったのが祭祀の始まり」と推測する。

熊野は「木の国」であり、古来、船や船材の供給地であったことは説明の必要がなかろう。船の歴史は丸木舟から構造船へと発展、大型化していった。黒潮が沖を洗う熊野灘沿岸には、古より南方から丸木舟の漂着も少なからずあったろう。

串本町の笠嶋遺跡から発掘されたクスノキの船底材について「発掘調査報告」は「構造船の船底材であり、従来、わが国では、この種の船底材が出土した例がない」としている。[*6]しかし、その出土をもって「弥生時代に構造船があった」と断定するのはどうだろうか。船底材とともに出土したヒノキ材の小型模型船は明らかに「くり船」だ。杉中浩一郎氏は「紀南で見られた丸木舟」の中で黒潮に乗って丸木舟が漂着した例を挙げ、笠嶋遺跡の原船も丸木舟ではなかったか、と見ている。[*7]

丸木舟が熊野で使われていたことは『続風土記』牟婁郡四村《よむら》荘請川村の項に記されている。同村の「鵜飼船」について同書は「此船旧《いにしえ》は丸木舟なり　後世は板を以て作れとも猶《なお》丸木作りの形なり」と述べている。

「うつろぶね」「うつおぶね」が神霊や貴人を運んできたという伝説は各地にある。長崎県対馬の南端の豆酘崎《つつざき》には「昔、うつお船が漂着した。漁民が中をのぞくと、奇怪に光る石があった。それをご神体として祀った」との伝承が残る。その「高雄むすふの神（高皇産霊神《たかみむすひのかみ》）」を祭神とするのが地元の高御魂《たかみむすひ》神社である。

三重県御浜町阿田和の高台にある稚児《ちご》塚は「うつろ舟に乗ってきたお姫様を祀った」ところと言い伝えられてきた。阿波の大名の娘が金銀財宝を積んで流れ着いた。彼女は一生独身で、信心一途に生涯を終えた。村人は「海を一望する山の上から村人の平和を祈りたい」との遺言にそって葬ったという*8

カミの乗り物としての「うつぼ舟」については柳田國男や折口信夫も言及しているが*9、瓢箪《ひょうたん》からUFOまでさまざまに言われてきた「うつろ・うつお・うつぼ」舟は、中を空洞にくり抜いた丸木舟と考えられる。

熊野灘沿岸に定着した民が漁撈《ぎょろう》のための丸木舟を造るには、それなりの太さの木が必要だ。大樹は山中にある。大木を海岸まで運ぶより、山間の川沿いで加工し船の形にしてから水面に浮かべ、河口まで運ぶほうがよほど効率的だったろう。平安時代初期に成立した『日本霊異記』下巻の第一話は、奈良朝・称徳女帝の時代に紀伊国牟婁郡の熊野村にいた永興禅師《えいごうぜんじ》を訪ねた僧が山中で捨身し、その髑髏《どくろ》の舌が法華経を唱えていたという気味の悪い話だ。その中に「熊野の村の人、熊野の河上の山に至り、樹を伐《き》りて船を作る」というくだりがある。[10] まさに山中の造船である。

洞尾は河口から古座川をさかのぼること約十二キロに位置する。昭和三十一年（一九五六年）に上流の七川《しちかわ》ダムが完成するまでは水量も多く、筏《いかだ》流しの中継点にもなっていた。その地で古代に丸木舟（うつろぶね・うつおぶね）を造ったことから「うつお」の地名が生まれ、洞（ほら＝空《くう》）の字があてられた、と私は想像する。船は次第に大きくなり、構造船に発展したであろう。

地元で生まれ育った田上實《たのうえみのる》氏（昭和三年生まれ）によると、洞尾の矢倉神社の周辺の山にはクスノキ（楠・樟）の大木がたくさんあったという。神社の境内に巨木の切株が残る。「宮さんの奥で伐ったクスノキをチップ状にする。それを蒸して出来た汁から樟脳《しょうのう》を作った。小学校の同級生の父親が樟脳作りに従事していた」と田上氏は語る。

笠嶋遺跡から出土した船底材はクスノキだった。クスノキは大木になり、耐久・耐湿性に優れていることから古来、船材として重用されてきた。

素戔嗚尊《すさのをのみこと》が自分の体のあちこちの毛を抜いていろいろな木を生み、その子五十猛命《いたけるのみこと》にそれらの効用を諭《さと》す『日本書紀』の場面は有名だ。父は子に「杉及び櫲樟《くす》、此の両《ふたつ》の樹は、以《も》て浮宝《うくたから》とすべし」と教える。[*11] 浮宝は舟のことである。

洞尾の矢倉神社が、『続風土記』で「宝大神森《たからおおかみのもり》」と呼ばれていたことを思い起こしてほしい。「宝大神森」は「浮宝」をもたらしてくれる森＝樹木神への感謝を込めた命名で、クスノキの大樹がご神体だったのではないか。

『続風土記』は「宝大神森」について「社なし　空神を祭る」と記す。天空から大樹に降臨するカミを「空神」と称したとするのが素直な解釈だろうが、丸木舟を与えてくれた樹木神への感謝とともに、その空洞にも宿るカミに航行の安全と大漁を祈った、ともとれないだろうか。

洞尾矢倉神社には現在、小さな小屋が建っている。過日、田上氏にお願いして中を見せてもらった。神棚の上に古い弓が掛かっており、神棚の中に袋に入った鏡と「矢倉神社神霊」と墨書した木札が納められていた。木札には昭和四年（一九二九年）の年号がある。

神社一帯は昭和十八年（一九四三年）の大火で焼けた。神棚を納めた小屋は火事の後に建てられたそうだ。

戦後、昭和二十年代の終わりまで、正月十二日ぐらいに弓を引き、的に当てた人が伊勢詣できる「伊勢講」があった、という。田上氏の記憶では、この社と古代の造船を結び付けるものはなかった。

洞尾から、さらに古座川を五キロほどさかのぼった古座川町真砂《まなご》地区に宝山神社が鎮座する（写真8）。今は無人となった真砂集落の中心に位置し、『続風土記』に「宝山明神社」として載っている。同神社近く、山の斜面の墓地には享保、正徳、元文など江戸中期の墓石が並んでいる。

戦後、三年ほど筏流しに従事したという田上氏は「真砂で筏に組み洞尾まで流す。私は洞尾から古座川の河口まで流した。きつい仕事だったが、日当は山仕事より二割ぐらい高かった」と回顧する。真砂にも「宝山」という名の社があったことは、洞尾と「浮宝」の関わりを示唆しているように思える。

ちょっと気になるのは古座川の支流小川《こがわ》の中流域に長洞尾《ちょううつお》という村があったことだ。岩

写真8　真砂の宝山神社

床と水流がつくった奇観・滝の拝のあたりである。『続風土記』によると、三前郷に属していた洞尾村に対して長洞尾村は小川谷郷の村だった。以前はそちらも洞尾村だったらしく、『続風土記』は「村中の小名に長といふ所あり　故に三前郷の洞尾村に分ちて長洞尾といふ」と解説している。

小川は長洞尾まで舟がのぼり、木材や薪炭の搬出などで結構にぎわったようだ。そこも古く船材を集めたり、丸木舟をつくったりする場所だったと考えてみたい。

## 三　『神社明細帳』に見る合祀の実情

第一節では古座川流域の矢倉系神社について『続風土記』の記述と現在の姿を対比させて紹介してきた。矢倉系神社は小社なので、大半が明治時代後半の神社合祀の波をかぶっている。その様を『東牟婁郡神社明細帳』を手がかりに見てみよう。

私の手元にある『東牟婁郡神社明細帳』は、和歌山県立文書館蔵と国文学研究資料館（東京都立川市）蔵の写しで、それぞれ筆写や加筆の年次など内容に差異がある。本節では後者を用いる。

第一節と同じ順序で、『続風土記』記載の社が『神社明細帳』にどう載っているか、どこの神社に合祀されたか、などを探ってみたい。

▽表①「神殿明神森」(『続風土記』・牟婁郡三前郷高川原村)。『神社明細帳』では和歌山県東牟婁郡高池町大字高池字宮ノ下に「無格社　神戸神社」が記されている。祭神、由緒とも不詳。地番からみて神殿明神森が神戸神社になったことがわかる。

▽表②「矢倉明神森」(同郷池山村)。『神社明細帳』では高池町大字池野山字下ノ和田に「村社　八阪神社」があり、ご神体は杉の木、祭神は素盞嗚命《すさのをのみこと》とされている。同社が現在の八坂神社だ。『続風土記』には「祭神今牛頭天王《ごずてんのう》とするは誤なり」と付記されている。牛頭天王はもともとインドの神の化身だが、スサノヲと習合した。『続風土記』はなぜ誤りなのか理由を述べていないが、スサノヲとして明治期に引き継がれている。

▽表③「河内明神」(同郷宇津木村)。高池町大字宇津木字下宇津木の「村社　河内神社」で現在名と同じだ。祭神は「不詳」、社殿は「ナシ(川中ノ島ヲ祭ル)」とある。

▽表④「秡明神森」（同郷月野瀬村）。高池町大字月野瀬字オノ谷の「無格社　秡神社」が現在の祓神社である。『神社明細帳』には明治十年（一八七七年）に近辺の若宮神社、和田神社、首《こうべ》神社、地主神社を合祀した、とある。社殿は「ナシ」。

▽表⑤「矢倉明神」（同郷立合村）。東牟婁郡明神村大字川口字大山の「村社　明神神社」に合祀されたとみられる。『神社明細帳』の同神社の由緒に、明治四十年（一九〇七年）九月三十日に近隣の神社を合祀したことが記されている。その中に「無格社矢倉神社（祭神高倉下命）元東牟婁郡明神村大字立合字上新ノ瀬ニ鎮座」とあるからだ。古座川町川口の「明神神社」には合祀の際、各社から運んできたのだろう、大きさや形がまちまちな石灯籠が社殿の前に並べられ、合祀の歴史を物語っている（写真9）。

立合の矢倉神社の祭神が高倉下命とされているのも興味深い。高倉下を祭神とする神社は熊野川の支流、赤木川流域に多いが、紀南では矢倉神社と高倉神社の社名が入れ替わるケースがあり、祭神も含めて「矢倉」「高倉」が入り混じっている。[*12]

▽表⑥「矢倉明神森」（同郷峯村）。同じく「明神神社」の合祀記録に「無格社矢倉神社（祭神高倉下命）及其境内神社将軍神社並河内神社　元東牟婁郡明神村大字峯字瀬戸ニ鎮

**写真9**　川口の明神神社には明治に合祀された神社の灯籠が並ぶ

座」とある。

▽表⑦「矢倉明神森」（同郷相瀬村）。同じく「明神神社」の合祀記録に「無格社矢倉神社（祭神不詳）元東牟婁郡明神村大字桐瀬字前平ニ鎮座」とある。相瀬を「桐瀬」と書き間違えたのだろう。第一節で述べたように、地元に住む洞ミユキさんも相瀬の社が川口の明神神社へ合祀されたことを語っている。

▽表⑧「宝大神森」（同郷洞尾村）。『神社明細帳』には東牟婁郡三尾川村大字三尾川の「村社　八幡神社」（現在、古座川町三尾川）が載っている。同社の由緒の中に「元三尾川村大字洞尾字寺地鎮座無格社矢倉神社（祭神不詳由緒不詳）ヲ明治四十二年十月十六日本殿ニ

合祀ノ許可ヲ受ケ四十三年二月十七日合祀決行」と記されている。「宝明神森」は明治末期に「矢倉神社」と呼ばれていたことがわかる。一方、大正六年（一九一七年）刊行の『東牟婁郡誌』の名所旧蹟誌の洞尾村の項に「宝神社　在洞尾村」というくだりがある。明治から大正にかけて、同社は二通りに呼ばれていた可能性がある。

▽表⑨「矢倉明神社」（同郷大川村）。三尾川村「八幡神社」の合祀記録に、洞尾の矢倉神社と同じ明治四十三年二月十七日「元三尾川村大字大川字下硲《しもさこ》鎮座中瀬神社」を合祀したことが記されている。場所は合うが、社名は「矢倉」と「中瀬」で異なる。地元には昔、中瀬家という豪商がいたそうだ。同家が矢倉神社の面倒を見て「中瀬神社」と呼ばれたのだろうか。前述の通り、大川の矢倉明神社の旧社地は県道の拡張工事でなくなってしまった。

▽表⑩「宝山明神社」（同郷大川村真砂）。同じ三尾川村「八幡神社」の合祀記録に「元三尾川村大字大川字真砂鎮座村社森川神社（祭神不詳由緒不詳）」が載っている。今、真砂の旧集落にある宝山神社は森山神社とも呼ばれていた。「森山」「森川」と似ているから同じ社かもしれない。

▽表⑪「矢倉明神社」（同郷三尾川村）。同じく三尾川村「八幡神社」の明治四十三年二月十七日の合祀記録に「元三尾川村大字三尾川字追野々鎮座無格社矢倉神社（祭神不詳由緒不詳）」とあるから、同社も八幡神社に集められたと思われる。

▽表⑫「矢倉明神森」（牟婁郡七川谷郷井野谷村）。『神社明細帳』東牟婁郡七川村大字平井下地向平に「無格社　若宮八幡神社」（現在、古座川町平井）が記載されている。その由緒に「高倉下神ハ矢倉神社ト称シテ元七川村大字平井字井ノ谷百二十番地ニ鎮座」とある。矢倉神社は若宮八幡神社とともに明治四十二年（一九〇九年）十一月十六日に西川丸山神社に合祀されたが、大正五年（一九一六年）十一月三日に若宮八幡神社があった場所へ合祀し直したことが記されている。

その理由について『神社明細帳』は、西川丸山神社が遠隔地で参拝に不便だったため、大正五年、若宮八幡神社の場所に新たな社殿を造り再度合祀した、と説明している。井ノ谷の矢倉神社を訪れた時、出会った地元のお年寄りは「古座川町平井の若宮八幡神社に合祀されていたから、お祭りのときはそこに通ったが、井ノ谷神社の幟も立てられていた」と幼少期の思い出を語った。井ノ谷の神様は何度も遷座させられたわけだ。

▽表⑬「小祠一社」（牟婁郡色川郷楠村）。『神社明細帳』では東牟婁郡高池町大字楠字上地に「村社　地主神社」が載っている。社殿は「ナシ」。祭神は「不詳」。由緒には「明治六年四月村社に列ス　祭神地主神ハ明治十年七月高池町大字高池字平ヨリ合併即チ二社ヲ合祀ス」とある。第一節で紹介した古座川町楠の「地主神社」（木葉神社・地図⑬）と『続風土記』の小祠、『神社明細帳』の地主神社は同一ではなかろうか。

＊1　宮本誼一「忘れられた熊野――熊野大辺地筋に残る矢倉神社の群落」（季刊『古美術』四十二、一九七三年）。宮本氏は矢倉・高倉社を「（熊野の）風土がもつ特殊な古代社群落」と形容している（「熊野古代社と将来への夢」『熊野誌』十九号、一九七四年）。
＊2　野本寛一『熊野山海民俗考』（人文書院、一九九〇年）。
＊3　宮地治邦「東牟婁郡高池町を中心とする一群の神社について」（『熊野〔増補新版〕』地方史研究会、原書房、一九八二年）。
＊4　『災害と地名』（海の熊野地名研究会編、二〇一四年）。
＊5　『古座川風土記』（古座川「水の町づくり」推進協議会、二〇一四年）。
＊6　『南紀串本　笠嶋遺跡――発掘調査報告』（安井良三編著、笠嶋遺跡発掘調査報告書刊行会、一九六九年）。
＊7　杉中浩一郎『熊野の民俗と歴史』（清文堂出版、一九九八年）。

＊8 平八州史『伝説の熊野』（熊野文化協会、一九七三年）。

＊9 柳田國男「うつぼ舟の話」（『定本柳田國男集』第九巻、筑摩書房、一九六九年）、折口信夫「霊魂の話」（『折口信夫全集』第三巻、中央公論社、一九五五年）。

＊10 『日本霊異記　下』（中田祝夫全訳注、講談社学術文庫、一九八〇年）。

＊11 『日本書紀　一』（岩波文庫、一九九四年）。

＊12 たとえば、東牟婁郡串本町二色《にしき》の高倉神社は明治時代に矢倉神社と改称したが、地元では今も高倉神社と呼ぶ人がいるという。また、串本町高富の矢倉神社の祭神は高倉下命だ。同社は明治十一年（一八七八年）に二部神社から矢倉神社に名前を変えた。

第三章

# 古の拝所はどこに——日置川上流域の矢倉神社

## 一 『紀伊続風土記』に見る矢倉系神社

大樹や大岩を崇める矢倉系神社は、熊野の自然信仰を代表する祈りの場である。その多くは今もなお社殿を持たず、古座川、日置川《ひきがわ》、太間川《たいまがわ》などの流域に古《いにしえ》の信仰の形をとどめている。

本章では日置川上流域、和歌山県西牟婁郡すさみ町と旧日置川町（現白浜町）の内陸部、そして上富田町の矢倉神社・矢倉明神森のいくつかを取り上げ、私の推測を含め報告したい。

紀州藩の地誌『紀伊続風土記』は、日置川流域の矢倉系神社として以下を挙げている。

①矢倉明神森（牟婁郡安宅荘玉伝《たまで》村・現白浜町玉伝） 川原谷にありて其所の氏神なり 樹を祀りて社なし

②矢倉明神森（同荘大村・現白浜町大） 社地周百四間 社なし 樹を祀るなり

③矢倉大明神森（同郡城川荘小川《こがわ》村・現白浜町小川） 社地周百十八間 下村にあり

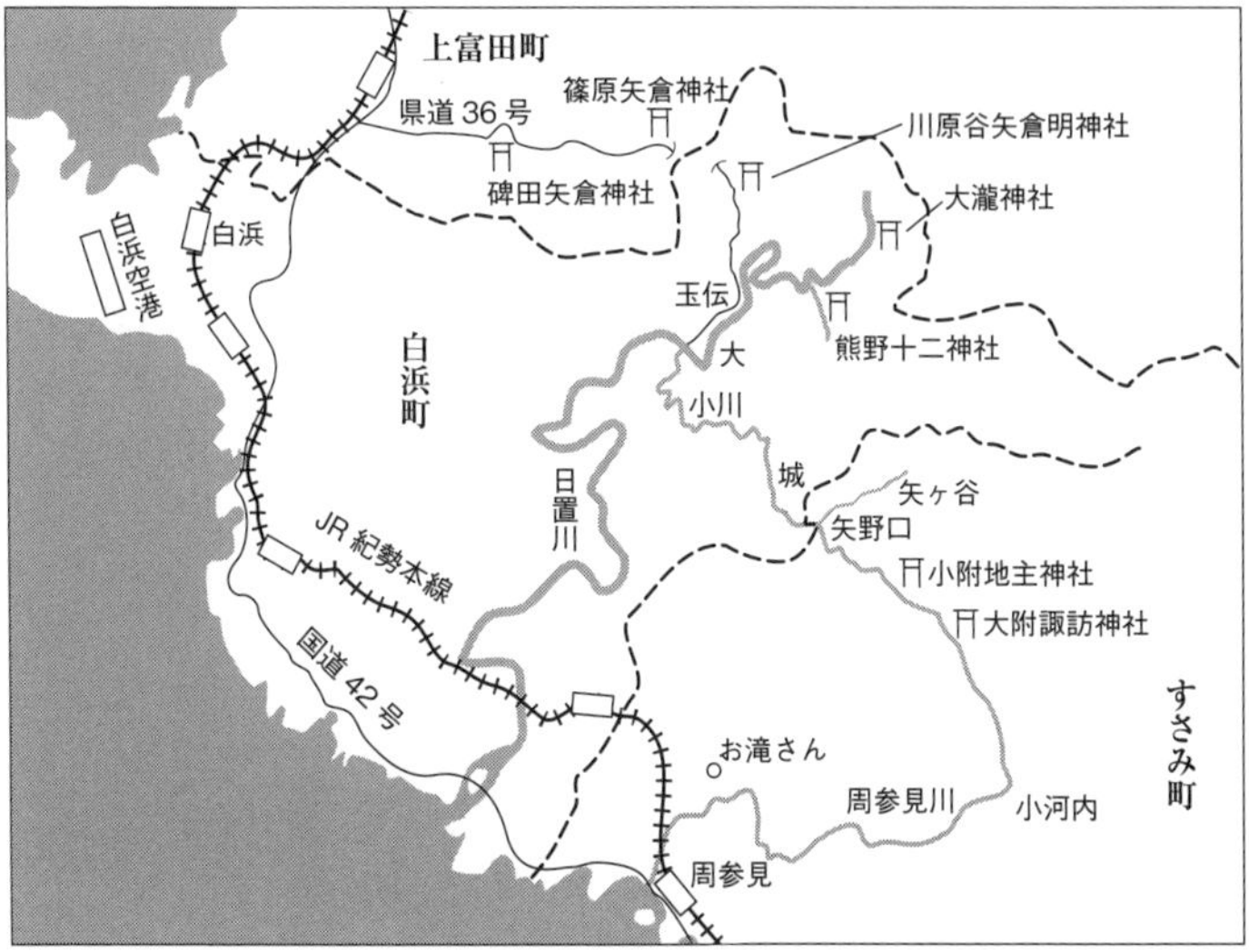


④矢倉大臣社《おおおみしゃ》（同荘矢野口村・現すさみ町矢野口）　境内森山周百五十二間　宮山にあり　安永二年（一七七三年）の棟札には天一天上大明神とあり

⑤矢倉明神森（同荘矢谷村・現すさみ町矢ケ谷）　境内森山周百十間　村中にあり　一村の産土《うぶすな》神なり

⑥矢倉明神社（同郡市鹿野荘古屋村・現田辺市古屋）　社地周六十四間　村中にあり

⑦矢倉明神（同荘中野俣村・現田辺市中ノ俣）　社地周四十間　村中にあり　木を神として祀る

このうち①②③は現白浜町の日置川の本支流域に位置し、④⑤は日置川にそぐ城川の上流域、現すさみ町の奥地に存在した。⑥の古屋集落は昭和三十二年（一九五七年）に完成した殿山ダムのためにほとんどが水没、⑦の中ノ俣集落は交通の便が悪くなり廃村となった。[*1] ⑥⑦を除く矢倉社を現地調査した。

## 二　日置川上流の諸社

二〇一五年三月二十一日、私は白浜町教育委員会生涯学習係学芸員の佐藤純一氏、串本町在住の古代史研究者鈴木清氏と、日置川上流に向かった。佐藤氏がいろいろ下調べをしてくれた。

### 川原谷の矢倉明神社

川原谷は玉伝地区で日置川にそそぐ支流、川原谷川をさかのぼったところにある。トンネルをくぐると上富田町に入る山間地である。

川沿いに数戸の家が並んでいる。家の間の狭い道を抜けた奥に矢倉社はあった（写真1）。

『日置川町誌』通史編上巻（一九九六年）には「矢倉明神社」として、次のような記述がある。

写真1　川原谷の矢倉明神社

鎮座地　日置川町川原谷（宮の谷口）
祭神　不詳
社殿　本殿　春日造り
例祭日　一一月三日
由緒・沿革等　旧社は大樹の根本に石垣を積み（巳《み》さん＝蛇）を祀り、社殿は現在地へ移転したときに造営したものである。

『続風土記』の矢倉明神森が「矢倉明神社」につながっていることは間違いあるまい。木製の覆い屋の中に、コンクリート台に乗ったこじんまりした、これも木製の社殿が鎮座している。覆い屋には二〇〇二年に神社をここに移し、社殿を建てたことを示す寄付者の名簿が掛かっているから、社殿は新しい。覆い屋の前に寛政五年（一七九三年）と文化十四年（一八一七年）の石灯籠が立つ。

社殿の隣にもうひとつ横長の覆い屋が建ち、中に並んだ小さな木の社に仏像や石、不動明王（庚申《こうしん》）などが納められている。

社殿の背後は急斜面の谷が山に分け入っており、それが川原谷であろう。

集落の人に聞くと、現在、この地区にあるのは六軒。矢倉社は以前、現在地から百メートルほど奥にあった。しかし落石があって危険なので二〇〇二年十月に下に降ろしたという。旧社地には杉の大木があったというから、それがご神体だったのかもしれない。江戸期の石灯籠は旧社地から運んだのだろう。

十一月三日の祭りには「矢倉神社」の幟《のぼり》を立て、各地に出て行った人たちも戻ってきて、餅撒《ま》きもするという。

明治末年の神社合祀で、日置川上流域に点在した小社の多くは西牟婁郡川添村市鹿野《いちかの》（現白浜町市鹿野）の村社、川添神社（現熊野十二神社）に集められた。『日置川町誌』通史編上巻は、川原谷の矢倉明神社が明治四十二年（一九〇九年）七月に川添神社に合祀された、と記している。

**写真2**　熊野十二神社

被合祀社の神々は第二次大戦後、旧社地に再び遷座したとされるケースが多いが、川原谷の神がいつ戻されたかは、はっきりしない。

**熊野十二神社**

熊野十二神社の鎮座する市鹿野は玉伝集落から日置川をさかのぼった場所にある。県道に沿って流れる川に神社に入る橋が架かっており、石畳を登った平地に春日造りの立派な大小の社殿が横に並んでいる（**写真2**）。明治期の神社合祀の経緯などを知る史料である『西牟婁郡神社明細帳』（国文学研究資料館蔵）に載っている川添神社の祭神は伊弉諾尊《いざなきのみこと》と伊弉冉尊《いざなみのみこと》だが、合祀のためだろうか配祀神《はいしん》が数多い。

前述の『日置川町誌』によれば、熊野十二神社は古く熊野権現社と呼ばれたが、明治六年（一八七三年）に熊野十二神社と改名。明治四十二年に川添神社と再び改称し、昭和二十七年（一九五二年）に熊野十二神社に戻した。明治四十二年に宇津木の春日神社、大《おお》の春日神社、上露《こうづゆ》の八幡神社、竹垣内《たけかいと》の八幡神社・春日神社、北谷の春日神社、川原谷の矢倉明神社、玉伝の玉伝神社など村内の小社二十社を合祀したという。

『続風土記』は玉伝村にあった妙見社の末社のひとつとして玉伝社の名を記している。合祀された玉伝神社はその玉伝社かもしれない。

**大村の矢倉明神森**

旧安宅荘大村は宇津木村の南東方向にあり、城川荘小川村の北隣に位置していた。現在、玉伝集落から日置川を少し下ったところに大の地名が残っている。現すさみ町の山中から流れる城川《じょうがわ》は宇津木で日置川に合流する。

大村と宇津木村は関係が深かったらしく、『続風土記』は大村にある春日社は「当村と宇津木村の産土神なり」と記している。

大村の「小祠《しょうし》四社」も宇津木村との持ち合いだった。『続風土記』は、先に②として挙げた矢倉明神森のほか大宝天王社、王子権現社、若宮の計四社も「当村宇津木両村持な

写真3　小川の「矢倉明神森」伝承地

り」と書いている。

矢倉明神森は日置川沿いの大村と宇津木村の境目あたりにあったと思われるが、同社について『神社明細帳』に言及がなく、それがどこにあったのか不明である。

### 小川村の矢倉大明神森

小川《こがわ》集落は宇津木から日置川支流の城川を二キロ余りさかのぼったところにある。山ふところに田んぼが広がる静かな里だ。『続風土記』は小川の地名由来について「大川（日置川）に対して城川を小川といふより村名は起るならん」としている。また村内に上村・中村・下村の小名がある、と記す。

川沿いの堤防をしばらく歩き、杉の植林の間の道に入った。杉林を抜けたところに林道の登り口があって、そこに石組みがあった。地元で「矢倉明神森」と言い伝えられてきた場所である（写真3）。石組みは四角に切った石があるかと思うと、自然石を積んだ部分もあり、統一がとれていない。それがかえって素朴な自然信仰を思わせる。石組みの上に覆い屋が二つ並んでいる。大きな方に丸石が二個ならべてあり、覆い屋の中に木製の祠が納められていた。シイだろうか、石組みの背後に大きな木が立っている。ここは「ヤナイ谷」の登り口だそうだ。そこから奥が矢倉明神森で、石組みはその拝所だったと思われる。拝所に丸石を置くのは、他の矢倉系神社でよく見かける風習だ。

『続風土記』は小川村に下記の神社があったことを記している。

○川内明神社　境内森山　周百二十八間
末社　若一《にゃくいち》王子社

○小祠四社
日生《ひおう》大明神森　社地周百二十間

地主大明神森　社地周十間　共に上村にあり　社なし　神体は樹木なり
矢倉大明神森　社地周百十八間　下村にあり
大宝天王森　社地周三十九間　上村にあり　社なし　木を神体とす

矢倉大明神森は小祠のひとつだった。小川村には樹木信仰の祈りの場がいくつもあったことになる。「上村」にあった他の三か所の「カミの森」がどこか、今となっては探す手だてはない。

私たちは小川集落の旧小川小学校跡地に鎮座する若一王子社に詣でた。校庭の一角に建つ鳥居から石段を上った所に社殿がある。小川地区の氏神で例祭日は川原谷の矢倉明神社と同じ十一月三日という。ここは、『続風土記』が小川村の川内明神社の末社とする「若一王子社」であろう。若一王子社も明治四十二年に当時の川添神社に合祀された。校庭跡地に立つシイの大木が印象的だった。

### 大瀧神社

大瀧神社周辺も趣《おもむき》がある。日置川に沿って国道三七号を旧大塔村（現田辺市）の殿山ダムの方向に走ると滝集落に至る。このあたりは下流のゆったりした景色とは一変、大石

写真4　大瀧神社付近の急流

の間を急流が白波を立てて下る荒々しい姿を見せる（写真4）。川沿いの傾斜地にへばりつくように大瀧神社があった（写真5）。

『続風土記』は着手から三十三年もの歳月をかけて天保十年（一八三九年）に完成した。その天保十年の刻銘のある石灯籠が、小さいがこぎれいな社殿の横に立っている。聞けば一九五九年八月の水害で社殿が流され、その後、再建したのだという。水害は川辺に多い神社の宿命でもある。

『神社明細帳』には、川添神社（熊野十二神社）の境内社に「大神社」の名があり、同社に明治四十年（一九〇七年）八月に川添村大字市鹿野の大瀧神社が合祀された、と記されている。

写真5　大瀧神社

　大瀧神社はその名の通り、滝を拝する社だった。上流の殿山ダムの建設などで景観は変わったが、昔はここに高さ七メートル、幅三・五メートルもの滝があったそうだ。佐藤氏は「大滝の右岸にヤナギの大木、左岸にクスノキの大木があり、この滝を『紀州の柳滝』と呼んでいた。上りアユもここからはのぼれなかったそうです。木材がうまく流せるよう、近くに観音様が祀られました」と語る。地元の人に聞くと、丸太流しは昭和二十年代まで盛んだったが、その後、道が整備されトラック輸送に変わった。

## 三　上富田町の矢倉神社

　前節で紹介した川原谷は旧日置川町（現白浜町）にある。そこから卒塔婆《そとば》トンネルをくぐると県道三六号は上富田町に入る。市街地に通じる県道沿いの生馬《いくま》地区に矢倉神社が二

写真6　上富田町生馬の篠原矢倉神社

社あると聞いて、二〇一六年四月二十八日に現地を訪れた。古座街道や大辺路《おおへち》の絵地図を作った生駒和歌子さんが案内してくれた。

トンネルのすぐ下、生馬川に架かる小さな木橋を渡ったところに篠原矢倉神社があった。シイ、イヌマキ、カゴノキなどの樹木に包まれて何段かの石組みが築かれた無社殿神社である（写真6）。石組みから、さらに上がったところに龍神を祀る祠《ほこら》があった。

その近く、県道沿いにある地主神社もイチイガシの大木の元に鎮座する典型的な無社殿神社だ（写真7）。第一章第二節で「地主社や山神森など素朴な名前が矢倉神社や高倉神社に変わったのではないか」と述べたが、生馬の地主神社はその推測を裏付けるような風情である。

写真7　上富田町生馬の地主神社

もうひとつの矢倉神社は市街地に近い稗田《ひえだ》地区の県道沿いにあるベアリング部品工場の裏手の斜面に鎮座していた。稗田矢倉神社は今、社殿をもち、その中に「矢倉社、八幡社、白長社、白臼社」と墨書された木札が納められている。地元の小祠をここに集めたものらしい。社殿の前に幕末、文政六年（一八二三年）の石灯籠が立っている。川原谷の矢倉明神社に置かれた石灯籠（一七九三年と一八一七年）より年代が新しい。『上富田町史　史料編下』（一九九二年）は生馬の矢倉神社について「紀南地方でも特に南に多い矢倉神社のうちの最北端に位置する」と記す。もしかすると、玉伝や川原谷など日置川上流区域から、街道に沿って勧請されたのかもしれない。

## 四　すさみ町矢野口、矢ケ谷の探索

二〇一五年五月二十四日、すさみ町在住の木村甫《はじむ》氏とJR周参見駅で待ち合わせ、周参見川をさかのぼって白浜町（旧日置川町）との境界に近い矢野口、矢ノ谷地区をめざした。木村氏はすさみ町の歴史・民俗とりわけ神社に精通している。前述の佐藤、鈴木氏も同行した。

**お滝さん**

「珍しい無社殿の神社がある」と木村氏から聞いて、沼田谷口《ぬただにぐち》で県道から離れ、沼田谷川に沿って北上した。十分ほど走ったところに車を置いて山に入った。そこに「お滝さん」があった（写真8）。石垣の間に六段の石段があり、それを上がった平地の正面に荒々しい石組みが横に広く築かれている。モチノキなどの木々を通して正面に岩盤を流れ下る二筋の滝が見える。大樹や磐座《いわくら》をご神体とする矢倉神社や高倉神社はあちこちで見たが、滝を拝する無社殿神社は珍しい。*2

「お滝さん」を訪ねた日は、前日の雨で水量が増し、岩盤を水流が勢いよく下っていた。「冬場は水がなくなり、涸《か》れる滝になる。運がいい」と木村氏。石段の脇に天保三年（一八三二年）の石灯籠と天保十年と刻んだ手水鉢《ちょうずばち》が置かれていた。正面右手、磐座の下には小さな石段があり、その上に石像のようなものが飾られて、明治十三年（一八八〇年）の石灯籠が立っていた。この部分は後からつくられたようだ。

社から沼田谷川沿いに少し下った場所に、炭焼き小屋があった。備長炭になるウバメガシ（バベ）がきれいに並べられている。このあたりの山ではウバメガシが少なくなり、他所から集めているそうだ。枝の曲がった部分に切り口を付け、そこに三角の木切れをかませてまっすぐにする技法が面白い。

すさみ八景のひとつ雫《しずく》の滝を経て、小河内《おかうち》地区からさらに周参見川上流に進むと峠があ

写真8　滝を拝む「お滝さん」

り、そこから川の名は城川になる。大附《おおつき》集落の手前に大附諏訪神社が鎮座する。

### 大附諏訪神社

『続風土記』牟婁郡城川荘大附村の項は、この村と隣の小附村の命名由来について、今の言葉であらまし次のように記す。

昔、村内に大きな槻《つき》（ケヤキ）の木があったので大槻村といった。土に埋もれたその残木が天明九年（一七八九年）の洪水で流れ出た。それで村内の諏訪神社の鳥居をつくった。そのことは寛政二年（一七九〇年）の棟札に書いてある。昔の大木の枝葉が隣の村にも及んだので、小槻の名が付いた。大槻の村名は後に大附に変わった。

木村氏によれば、「大槻の影がそこまで及んだので小槻村になった」という説もあるそうだ。

なぜ神社名に「諏訪」が入っているのか。地元には「長野からやって来た武士がここに住み着き、その一族が諏訪大社を信仰していた」との言い伝えがある。

大附諏訪神社は、県道に沿って流れる城川に架かる橋を渡って境内に入る、という形につくられている（写真9）。南紀の矢倉神社には道→橋→神社という形が少なからずある。もともと橋はなく、信者や氏子は川中を歩いて渡って（禊《みそぎ》をして）から参拝したのだろう。熊野川の中洲にあった熊野坐《くまのにます》神社（本宮大社）に、音無川を歩いて渡る「濡れ草鞋《わらじ》の入堂」をしたように。

大附諏訪神社の本殿前に並ぶ石灯籠には宝暦十年（一七六〇年）、天保十四年（一八四三年）、文久三年（一八六三年）などの年号が刻まれている。『続風土記』に記された寛政二年の棟札（神社の建立や再建・修理のときに工事の趣旨、年月日、建築者や工匠の名を記して棟木に打ち付けられた木札）は木村氏が確認した。その棟札では、洪水は天明八年（一七八八年）に起きている。翌年の一月末から寛政年間に入るから、「天明九年」は『続風土記』の書き誤りかもしれない。

### 小附地主神社

大附諏訪神社から城川に沿って上地、下地集落を過ぎると小附《こづき》集落がある。県道から集落に通じる道へ入ると、道の真ん中に「通行止」の看板が置かれていた。道脇に車を置き、

写真9　大附諏訪神社

写真10　小附地主神社

城川にそそぐ小附川に沿って歩いた。

「川の向こうに鳥居があるはずだが」

とつぶやいた木村氏の記憶通り、右手下の木々の間に石の鳥居が見えた。小さな川には橋がない。代わりに自然石が四つ水中に置かれている。川を挟んで鎮座する、というセオリー通りの配置である。

苔むした石段の先に、切石の石垣に四方を囲まれた境内が見えてきた。格子戸の付いた小さな門をくぐると、木製の社殿があった（写真10）。比較的新しい社殿で中には何も入っていない、両脇に明治七年（一八七四年）の石灯籠が立っている。湿気の多い境内は分厚い苔におおわれており、ふわふわした感覚を楽しんだ。

『続風土記』の城川荘小附村の項には、次の神社名が載っている。

○鹿島明神社　社地森山周七十間　追槻谷といふにあり

この鹿島明神社が現在の小附地主神社と考えていいだろう。

私にとって小附地主神社が大事なのは、『続風土記』が記す矢野口村の「矢倉大臣社」(本章冒頭、矢倉系神社一覧の④)と、矢谷村の「矢倉明神森」(⑤)が明治期に同神社に合祀されたと推測されるからだ。

木村氏が調査した小附地主神社の棟札の中に明治四十三年(一九一〇年)の一枚がある(一部の文字省略)。

奉合祀　地主神社　元本村大字柿垣内《かきかいと》字千丈口鎮座
　　　　矢倉神社　元本村大字矢ケ谷字折木口鎮座
　　　　矢倉神社　元本村大字矢ノ口字新道鎮座
　　　　地主神社　元本村大字小附字宮ノ谷鎮座
　　　　秋葉神社　元本村大字矢ケ谷字高硲鎮座
右明治四三年三月九日　本県知事ノ許可ヲ得テ同年九月吉日　当村地主神社ニ合祀ス*3

棟札に「本村」とあるのは、旧大都河村《おおつがわ》である。*4 明治二十二年（一八八九年）四月一日に大附・小附・柿垣内・矢野口・矢ケ谷村などの区域で発足した。大都河村は昭和三十年（一九五五年）三月三十一日に周参見町・佐本村と合併して「すさみ町」になった。

この棟札から、和歌山県に合祀旋風が吹き荒れた明治末年に周辺の中小社が小附地主神社に集められたことがわかる。

現在、小附集落は二戸だけ。その一軒に暮らす三宅三千三《みちぞう》氏（大正十四年生まれ）が話してくれた。

「お宮（小附地主神社）の祭りは十一月三日。ここから矢野口までの集落で祭る。昭和四十年ごろまでは大鎌から神主が来てくれた。当時は十八戸あったが、次々出て行って、二戸になってしまった。一緒にお宮の維持管理をしてきたが、もうできない」

「祭神はアメノコヤネノミコト（天児屋根命）で（奈良の）春日大社から勧請した、と聞いた」（すさみ町では春日大社からの勧請が少なくない。中世に一帯を治めた周参見氏は藤原北家の流れをくむ、といわれている。そこから中臣・藤原氏ゆかりの春日大社との関係ができたのだろう）

「若いころから植林など山仕事をしてきたが、七十歳ぐらいでやめた。昭和四十年代まで山仕事はよかったが、木材の値段とともに下り坂になった」

「（いまは無住になっている矢野口について）以前、上富田（西牟婁郡上富田町）の人が、矢野口の田んぼを買って宅地を造成した。その時に『お宮の山』まで掘ったので、私が文句を言った。そうしたら（おわびに）社殿をつくった」

これらは、矢野口村にあった「矢倉大臣社」を探るための貴重な証言だ。木村氏はこの訪問後に、社殿をつくった大工の新谷忠氏（昭和十四年生まれ）に当時の事情を聴いてくれた。この国がバブル景気に沸いた一九八〇年代から九〇年代初頭に、次のような出来事があったらしい。

上富田の宅地業者は自分の遊び場のつもりで造成したようだ。この業者は山の上にお宮があることを知らなかったが、「お宮の山」を削ったことに責任を感じて、かなり老朽化していた社殿を修理した。三宅氏も協力した。しかし、その後まもなく襲った台風で、せっかく修理した社殿は吹き飛ばされてしまった。そこで新谷氏らは、コンクリートの土台をつくり、その上に一回り小さな今の祠を建てた。

## 矢野口村の矢倉大臣社

小附から城川に沿う県道を二キロほど進むと、旧日置川町の城集落に通じる県道と、矢ケ谷を通って宮城谷方面に向かう林道との分かれ道に至る。そこが、すさみ町矢野口地区である。

紀州藩の地誌『続風土記』はこう記す。

矢野口村
田畑高　四十石九斗三升四合
家敷　十二軒
人数　四十六人
城村の東九町にあり　周参見荘太間川《たいまがわ》村と山を堺す　矢谷の口にあるを以て矢の口といふ

矢野口、矢ケ谷とも現在はだれも住んでいない。矢ケ谷は「明治五年には九戸の民家があったが、同二十二年の水害で田畑が全滅し、明治末には無住となった」という。[*5]

木村氏は「小附地主神社の氏子総代兼区長だった人の孫にあたる婦人（昭和十一年生ま

れ）に聞いたところ『子どものときに祖父に連れられて何度か矢野口に行ったことがあるが、そこに住んでいた人がどうなっているのか全く知らない』とのことだった」と語る。

そんな状況なので現地へ行っても事情を尋ねる人もいない。新谷氏の話は訪問後に聞いたので、その時は小附集落の三宅氏の話だけが手がかりだった。

県道との分かれ道から矢ケ谷方向へ少し車を進めると、造成地の跡らしき場所に出た。城川の支流、矢ケ谷川と左手の山の間に小さな石ころだらけの平地が広がっている。山側の斜面が削られている。三宅氏が指摘した箇所のようだ。

造成地跡の脇に切石でつくった階段が小山の上に続いている。角度が急なうえに、崩れかけているので危ない。木の枝につかまりながらのぼると、頂上ちかくに石組みが見えた。その手前に「文政二年五月　願主瀧儀左エ門」と刻んだ石灯籠が立っている。文政二年は一八一九年である。

古い石組みの上にコンクリートの土台がつくられ、そこに新しい木製の小祠が乗っている。それが新たに建てられた祠だ（写真11）。

この古社跡が『続風土記』が記す矢倉大臣社だったと断定することはできない。しかし、

写真11　矢倉大臣社があったと思われる古社跡

①矢野口には、ほかに宮跡らしきところはない、②『続風土記』に「矢倉大臣社は宮山にあり」と書かれている。造成地脇の矢ケ谷川に架かる橋の名は「宮の上橋」だ。こうしたことを考えると、その古社跡が昔の矢倉大臣社だった可能性が高い。同社は樹木など自然を崇める無社殿の神社だったと思われる。矢野口が無住になって久しいから、そこにいつ最初の社殿がつくられたか、は今となってはわからない。

『続風土記』は矢倉大臣社に「安永二年（一七七三年）の棟札があり、そこに『天一天上大明神』と書かれている」と記す。同社の呼び名は天一天上大明神（江戸中期・安永二年の棟札）→矢倉大臣社（江戸後期の

『続風土記』）→矢倉神社（明治の棟札）と変化したことがうかがえる。

木村氏の棟札調査で、矢野口の矢倉社が合祀された小附地主神社に、前者にあったと思われる棟札が何枚か確認された。

一番古いのは安永三年（一七七四年）の棟札で「奉修天一天上大明神」と書かれている。『続風土記』のいう棟札と一年違いで、同一のものかどうかはわからない。

次は寛政五年（一七九三年）のもので「奉修造矢倉大臣　矢野口村惣氏子」と社名が変わっている。この棟札にはその理由が書かれており興味深い。省略し今の言葉に直すと「従来、矢倉大明神と呼ばれてきたが、寛政五年四月の寺社御役所の台帳には矢倉大臣とあるので、それを社名とした」。寛政年間まで天一天上大明神とか矢倉大明神などと呼んでいたのだろうか。


『続風土記』の矢野口村の項には矢倉大臣社のほかに小祠二社があったとしている。両社が今どこにあるかは不明だ。

○小祠二社
地主神森　社地周二十間　小名串崎といふにあり　社なし　大樹を祀る

槻宮森《つきみやもり》　同所にあり　社なし　一丈許《ばかり》のけやき一本を祭る

## 矢谷村の矢倉明神森

明治二十二年（一八八九年）の水害で大打撃を受け、明治末には廃村となったという矢谷（矢ケ谷）は水害以前も貧しい村だったようだ。『続風土記』は「（城川）荘中皆貧村なれとも当村は殊《こと》に窮困せり」と記す。矢倉明神森は、そんな村の産土神《うぶすな》だった。

矢倉明神森があった場所を調べたい。しかしそのあたりは無住になって久しいうえ、矢野口から矢ケ谷川沿いに奥に続く未舗装の林道は二〇一一年九月に紀伊半島を襲った台風一二号による山崩れで、寸断されている。

ともかく行けるところまで行って宮跡をさがしてみよう、ということで歩き出したものの、有力な手がかりがあるわけではない。探索に同行してくれた木村氏の「だいぶ前に軽トラックでここを通ったとき、右手の谷に社殿が見えた。後日、自転車で再訪した。社殿の戸を開けると中に刀があった」という記憶が頼りだが、彼もそれがどのあたりかはっきりしないそうだ。

川沿いの道には屋敷跡と思われるしっかりした石組みや、田畑の跡が点在する。歩くこと三十分、山崩れの石や木が道をふさぎ、これ以上進むのは危ないと判断して引き返した。

道の右下、川端の場所を注意してみたが、社殿はもちろん、それらしきところは見当たらなかった。私たちが引き返したもっと先だったのかもしれない。また、一二号台風で谷沿いの景観が変わってしまった可能性もある。

＊1　『角川日本地名大辞典 30和歌山県』（角川学芸出版、二〇〇九年）の西牟婁郡大塔町の項に以下の記述がある。

仲ノ俣　世帯・人口0　ダム建設に伴って陸の孤島と化し、年金生活を送る老人世帯が船を使用して貯水池を行き来していたが、今日では廃村となっている。

古屋　関西電力殿山ダム建設に伴って廃村となる。上流の佐田と同様ダム建設により水没した。居住していた人々は、田辺市や上富田町方面に転出。

＊2　滝が背後にある小社として、他に私が知るのは、田辺市本宮町静川の高倉神社だ。現在社殿があるが、もともとは背後の山から落ちる滝を拝していたと思われる。川湯温泉から大塔川をさかのぼった斜面にあり、『東牟婁郡神社明細帳』では八川《やかわ》神社として載っている（第七章第二節に訪問記）。

＊3　『いなづみ』第十三号（すさみ町教育委員会、二〇〇六年）。

＊4　大都河村は「いくつもの川が流れる村」から名付けられたと考えられる。木村甫氏は次のように語った。
「大都河村の中心地、小河内は周参見川に沿った地区である。その北側に防己《つづら》・大谷地区が古座川の支流、佐本川に沿って広がっており、小河内の東側には古座川の支流、大滝川に沿った大鎌地区がある。また小河内の西側には日置川の支流、城川に沿って大附・小附・矢の谷・矢野口の集落があった。全部

で四つの異なる川が村中を流れていた」。
＊5　『角川日本地名大辞典　30和歌山県』の西牟婁郡すさみ町の項。

# 第四章 「島の神」と呼ばれた聖所——串本町里川の矢倉明神

『紀伊続風土記』に載っている矢倉明神の中で、気になる社があった。「島之御神とい
ふ」と記された牟婁郡佐本荘里川村（現在は和歌山県東牟婁郡串本町里川）の矢倉明神社で
ある（第一章の矢倉社一覧の⑰・十六頁参照）。
『続風土記』当時の里川村は戸数四十四、二百十二人が暮らす山間の小村だった。小字
の瀧又には瀧又川が流れている。

○矢倉明神社　　社地周十二間
瀧又にあり　島之御神といふ　瀧又の産土《うぶすな》神とす

なぜ「島の神」の名が付いたのか。二〇一五年八月二十四日、上野一夫、神保圭志氏と
現地を訪ねた。祖先が地元の廻船問屋だったという串本町和深に住む岩本立彦氏（昭和二
十六年生まれ）が案内してくれた。

## 一　祭神は古代の「美女」

海岸沿いの和深から県道三九号を北上、途中で里川集落方面に向け左折する。しばらく

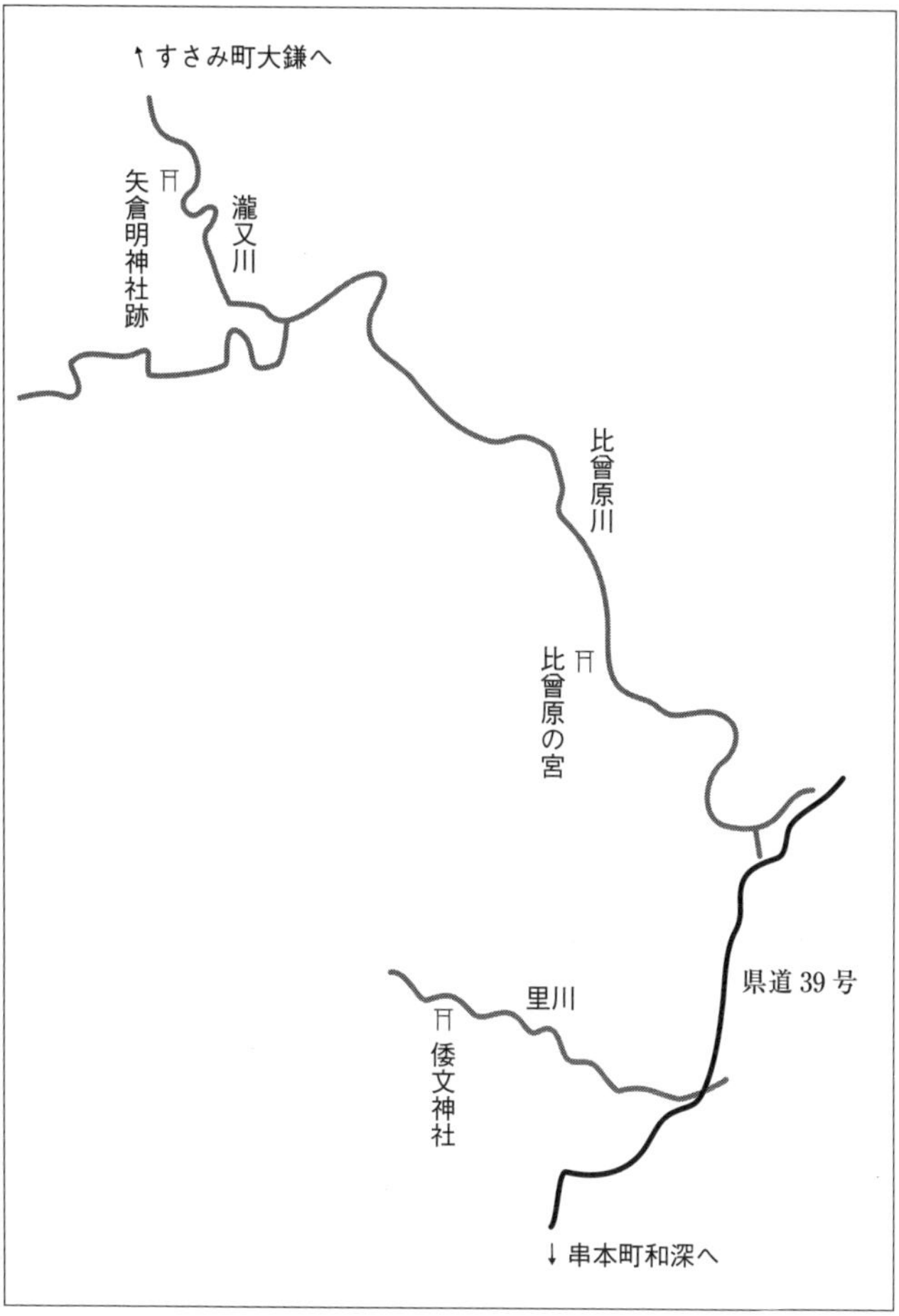
↑すさみ町大鎌へ
矢倉明神社跡
瀧又川
比曾原川
比曾原の宮
県道 39 号
里川
倭文神社
↓串本町和深へ

写真1　倭文神社（倭文大明神社）

走ると立派な石段を持つ岩本家の本家跡がある。「祖先は戦国時代に薩摩からこちらに来た。本家は十九代目になり、私は分家の五代目です」と岩本氏は語る。

里川に沿う道を進んだ左手に倭文《しとり》神社が鎮座する。明治の初めまで倭文大明神社と呼ばれていた社だ。天保十五年（一八四四年）の石灯籠が脇に立つ鳥居をくぐり、スダジイやイスノキの大木が茂る参道の奥に覆い屋に守られた本殿がある（写真1）。本殿下の石灯籠には寛保二年（一七四二年）と彫られている。

「しとり」は倭文織とか「しず」とかいわれた古代の織物で「麻などを青や赤に染め、乱れ模様に織ったもの」（『広辞苑』）だ。

古代の機織《はたお》りといえば女性や女神が浮か

ぶ。地元に住む西村勇氏（昭和八年生まれ）によれば、倭文神社の祭神は下照姫命《したてるひめのみこと》。彼女は『古事記』に大国主神の娘、下照比売《したてるひめ》として登場する。国譲り交渉のために高天原から派遣された天若日子《あめのわかひこ》は姫にひと目ぼれして結婚、八年間も天上に何の報告もしなかった。任務を忘れ、職場放棄させるほどの美女だったようだ。

西村氏が本殿の扉を開け、中を見せてくれた。高さ二、三十センチの女神像が納められていたが、二十年ほど前に盗まれたという。下照姫の像であろう。なぜこの小社に古代の女神が祀られ、織物の社名が付けられたのか。そこには里川の地に織物をもたらした物語やロマンがあったのかもしれない。

『西牟婁郡神社明細帳』（国文学研究資料館蔵）によれば、倭文神社は明治四十年（一九〇七年）九月二十日に西牟婁郡和深村の八幡神社（現在地は串本町和深）の境内社である廣田神社に合祀された。それが女神とともに里川に戻ってきたのは戦後、昭和二十一年（一九四六年）十一月二十四日だった。

私たちは、いったん県道三九号に戻り、しばらく北へ走って、すさみ町大鎌へ通じる道を進んだ。めざす矢倉明神社は奥地の瀧又にその跡が残っているという。

途中、比曾原集落で「比曾原の宮さん」に寄った。『続風土記』佐本荘里川村の項に

**写真2**　比曾原の宮の本殿に納められた丸石、御幣、木槌

「大明神社　境内周五十間　比曾原にありて其所の産土神なり」とある社だろう。地元の中山良次氏（大正十五年生まれ）が長い石段の上に建つ社殿の扉を開けてくれた。中にふたつの丸石、和深八幡神社の御幣《ごへい》と木槌《きづち》が納められている（**写真2**）。

向かって右、木の祠に守られた形のいい石がご神体と思われる。木槌は倭文神社にもあった。布地をやわらかくし、つやを出すのに使う木槌を砧《きぬた》と呼んだが、両社に木槌が納められた意味はわからない。

中山氏によると、比曾原の宮も和深の八幡神社に合祀され、戦後ご神体の丸石が戻ってきた。

## 二　瀧又の矢倉明神社跡

比曾原からさらに山中へ。比曾原川と分かれた瀧又川に沿って車を走らせ、「不法投

写真3　瀧又の矢倉明神社跡

棄　昼夜赤外線カメラ録画中」と書いた看板の所で林道を右に折れた。林道には石ころや木の枝が散乱し乗用車で進むのは無理なので、車を置いて二十分ほど歩いた。

「ここ、ここ」と岩本氏が叫んだ。林道に小さな橋がかかり、左手から瀧又川にそそぐ沢の水が流れてくる。そこが「宮ノ谷」（宮ん谷）で矢倉神社があった場所だという。

林道から沢に十数メートル入ったところに、石垣や石積みが残っている。『続風土記』に記された矢倉明神社の跡である（写真3）。

沢からていねいに石組みが組まれ、上が平地になっている。平地の中央に四角く二段に石組みが作られ、その中に平たい石が置かれている。背後の川に向かっても石組みがある。そこが正面のようで、平たい石は供物台だろうか。

宮跡の光景を眺めて「島の御神」という呼称の意味がわかるような気がした。宮跡は沢に向かって突き出した土地に築かれている。その中に立つと、水流がぐるりと周りを囲み、まるで小さな島にいるようだ。川の中の島に坐《いま》す神、「島の御神」ということではなかろうか。そういえば熊野では川中にある大岩などを「シマ」と呼ぶ。

『串本町史』の中に明治四年（一八七一年）七月に作成された江田組の「戸籍人口諸役給料社寺等明細表」が入っている。[*1] 近世の串本地方は紀州藩下の江田組諸村から成っていた。社寺一覧の中に以下の三社が載っている。

| 村名 | 社名 | 祭神 | 社地 | 氏子戸数 |
|---|---|---|---|---|
| 里川村 | 倭文大明神社 | | 八坪 | 二十四軒 |
| 同村の内 比曾原村 | 比曾原ノ宮 | 不詳 | 四坪 | 拾七軒 |
| 同村の内 瀧又村 | 矢倉ノ社 | 不詳 | 三坪 | 八軒 |

『続風土記』の矢倉明神社は明治初年に矢倉ノ社と呼ばれていたようだ。『神社明細帳』は「元西牟婁郡和深村大字里川字下モ屋敷ニ鎮座」の矢倉神社を明治四十二年（一九〇九年）九月二十二日に和深村の八幡神社の境内社である高良神社に合祀した、と記す。八幡神社への合祀日は倭文大明神社と同じだ。矢倉明神社（矢倉ノ社）は明治末に高良神社に合祀された矢倉神社と同じ社ではなかろうか。

比曽原で育った中山良次氏は「（瀧又の）宮ノ谷は私が小さいころ、すでに無住だった。戦後、外地から引き揚げてきた人が二、三軒暮らしていた」と話す。彼は大正から昭和に変わる年の生まれだから、江戸後期に矢倉明神社があった集落は昭和の初めには無人になっていたことになる。矢倉社は戦後も合祀先から迎えてくれる人がいなかった。そう思うと少しかわいそうになる。

＊1 『串本町史』史料編（一九八八年）。

# 第五章　残る「夫婦神」の言い伝え——太間川上流の矢倉神社

## 一　入谷の地主神社

和歌山県西牟婁郡すさみ町の西端を、山間からすさみ湾へと南北に流れる太間川《たいまがわ》。その上流の上村と下村地区にそれぞれ矢倉神社がある。『紀伊続風土記』や『紀伊名所図会』にも登場し、古い自然信仰の面影を残した社である。

二〇一五年八月八日、私はすさみ町の神社に詳しい木村甫氏とともに現地を探索し、地元の方々に貴重な話をうかがうことができた。

太間川はその最下流では見たところ石ころだけの「水無川」だが、川沿いを走る県道二二二号を入谷《いりたに》地区あたりまで行くと、清流になる。昔からそんな状態だったらしく、『続風土記』は周参見荘周参見浦の「太間地」という地名について、今の言葉であらまし次のように記す。

「この川は太間川村領から周参見浦領に入ると十五、六町地中に潜行、また湧き出し、五町ばかりで周参見川に合流する。雨の後、水量が多いと普通の川のようになる。太間は絶間《たえま》。水が潜行し絶えるので、その地を太間地という」

写真1　入谷の地主神社

入谷は熊野古道・大辺路《おおへち》が通るところ。県道から山の方へ少し入ると地主神社が鎮座する。地元では「じのしさん」と呼ばれる無社殿神社だ（写真1）。

石段をのぼった小さな平地に三段の石組みがつくられ、両側に石灯籠が立つ典型的な矢倉系神社で、石組みの上に賽銭箱と酒瓶が置かれていた。石組みの奥の斜面には榊が植えられ、御幣がくくりつけられている。榊は古木というほどではないから、明治以降に植えられたものと思える。

木々にさえぎられて境内からはよく見えないが、地主神社の背後の頂上付近は大岩塊だ。この岩壁にカミが降臨し、そこに坐《ま》す磐座《いわくら》として拝していたのだろう。

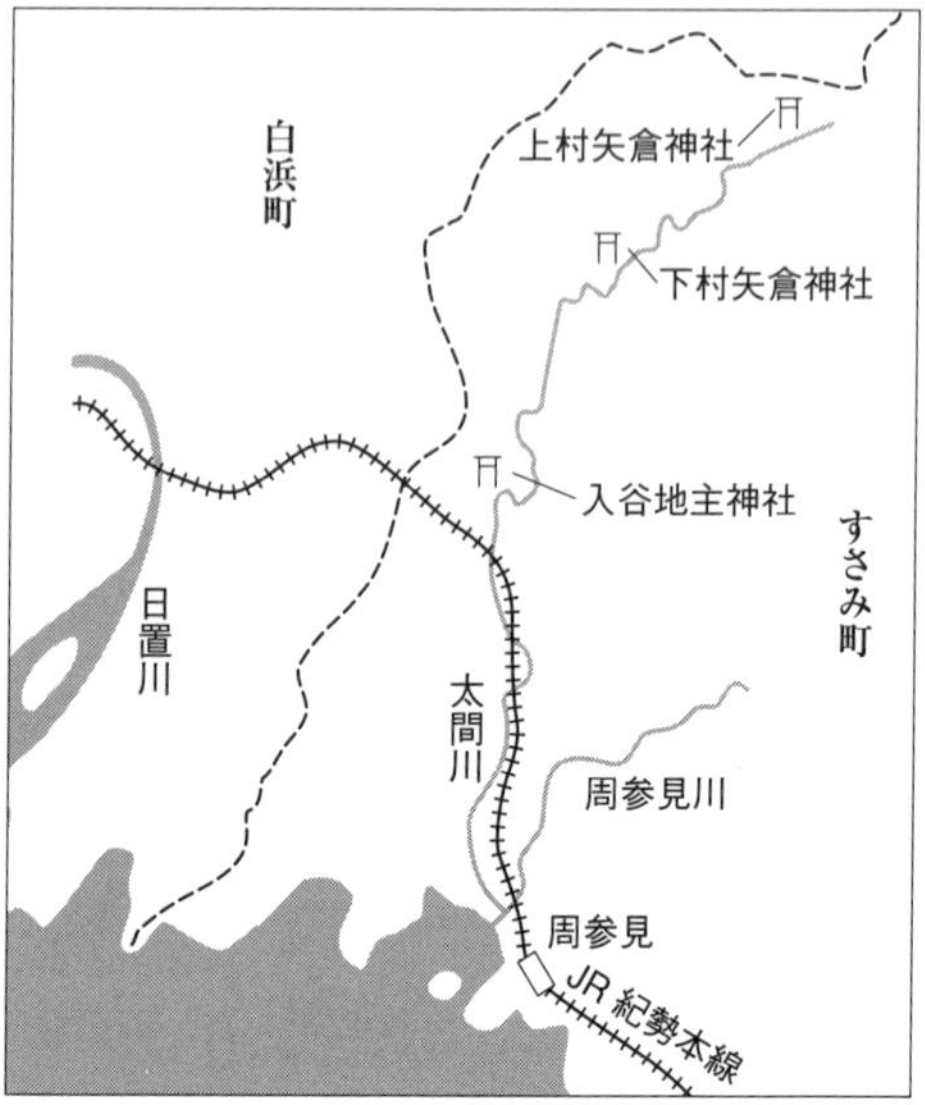


『続風土記』は新宮城下の矢倉明神社の項で「山の嶮峻《けんしゅん》なるを倉といふ（中略）嶮峻の巌山《がんざん》に祭れる神を矢倉明神と称する事多し　大抵は皆巌の霊を祀れるにて別に社なし　矢倉の也は伊波《いわ》の約にて巌倉の義ならむ」と記している。入谷の地主神社は、この説明がぴったりのロケーションである。

南紀には「地主神社」と名付けられた社が少なくない。もともとは大樹や磐座を崇める自然信仰の場だったろうが、そこに宿るカミを地主神と考えるのは素朴で自然だから、神社名に「矢倉」や「高倉」が付けられたより古い呼び名のひとつだ、と私は考えている。

## 二　上村の矢倉神社

写真2　上村の矢倉神社の石垣

入谷から太間川をしばらくさかのぼったところに下村集落が、さらにそこから一キロほど奥に上村集落がある。県道はそこで行き止まり。山道が日置川町（現白浜町）の城《じょう》地区に続いている。

上村矢倉神社を訪ねたのは二度目だ。多くの矢倉社のなかでも私が好きな社のひとつである。

集落が途切れる、さらにその奥の川沿いに神社らしき石垣が見えた（写真2）。太間川に鉄板にコンクリートをかぶせた小さな橋が架かっている。五年前に訪ねた時は鉄板のままだった。昔は橋もなく、人びとは川に入ることで禊《みそぎ》をして参拝したのだろう。

上村の矢倉神社は、『続風土記』牟婁郡

周参見荘太間川村の項に出てくる「日生《ひおう》矢倉明神森」とみて間違いあるまい。

○日生矢倉明神森　境内森山周九十六間
小名上村の奥にあり一村の産土《うぶすな》神なり　社なく木を祭る　按するに日生或《あるい》は日王とも書す　共に其《その》義　詳《つまびらか》ならす　矢倉大明神或は矢倉大臣《おおおみ》と書す　是又詳ならす　按するに矢《や》は谷なり　倉は大巌《だいがん》をいふ　谷中石巌ある所をいふなるへし　又鎌倉の俚語《りご》に窟《いわや》を矢倉といふよし　大巌石窟の神の義にして山の神を祭れるなるへし

同じ『続風土記』でも、先に引用した新宮城下の矢倉明神社の説明と違いはあるが、「倉」が山中の大岩や岩壁を指すことは共通している。矢倉神社は川沿いに多く、上村のような川の上流では谷も深いから「矢は谷なり」という形容は納得できる。

鎌倉地方では、周辺によくある中世の横穴式墳墓を「やぐら」と呼ぶ。「鎌倉の俚語（地方の言葉）に窟を矢倉といふ」というのはそのことを指しているのだろう。「日生・日王」については後述する。

石段の上は平地で、ふかふかした苔が一面に覆っている。左手に覆い屋が建ち、中に木製の社が納まっている。これは上村にあった小社のひとつ弁天社で、明治初期の合祀で矢倉神社の境内に移って来たそうだ。

その右手の山すそに、切石を石垣のように積んで二メートルほどの高さにした場所がある。そこが上村の矢倉神社だ（写真3）。石垣の上に長方形の石が縦に置かれている。祭りの際は、その石の前の平らな部分に供え物を並べるのだろう。その奥は木々が生い茂る斜面になっている。「社なく木を祭る」とあるから、『続風土記』が編纂された江戸後期までは大樹を崇めていたと思われる。

石垣の手前に両側に文久二年（一八六二年）の石灯籠が対で立っている。そのひとつは「藪太郎境内の檜《ひのき》の価《あたい》をもってこれを造建す」と読める。「藪太郎」というのは近くにあったお宮の名前だそうだ。その境内のヒノキを売った金で灯籠を寄進したことがわかる。

矢倉神社には社殿だけでなく、鳥居もない例が多い。上村もそうだ。木村氏が地元の人に聞いた話では、「ここは空神《そらがみ》さんを祀っている。天には境がないから、（ここから内は神域という）境界を示す鳥居は要らない」との理由だという。

無社殿神社の祭神が「空神」だと言い伝えられるケースはいくつもある。『続風土記』は牟婁郡三前郷洞尾《うつお》村の宝大神森（今の矢倉神社）について「村中にありて社なし　空神を祭るといふ」と記す。大樹に降臨する空神、天狗というイメージであろう。

写真3　上村の矢倉神社

木村氏の調査によれば、上村には昔、矢倉神社をはじめ弁天社、おおかみさん、権現社、若宮、藪太郎さん、ヤチ坂さんの七神が祀られていた。[*1]

このうち数社は『続風土記』の太間川村の項に以下のように出てくる。

○小祠五社
狼森　社地周三町　小名上村にあり　社なし　木ノ根を神体とす　伝えて狼を埋めし地なりといふ
権現社　社地森山周四十五間　同所にあり
若宮　社地森山周八十四間　同所にあり　社なし　木を神体とす
八幡社　社地森山周三十六間　勢山《せいやま》にあり
弁財天社　社地森山周八十五間　同所にあり　慶長の棟札あり

太間川村は『続風土記』の当時で家数四十軒、人数百七十人の小村だ。そんなところにたくさん神社があったのは驚きである。中には個人で祀る社もあったろう。「藪太郎」はその名前の人の屋敷神だったのかもしれない。

矢倉神社から川をさらに一キロほどさかのぼったところにある若宮跡も訪ねた。今は無住の瀬山地区の道の山際に宮跡らしい石垣があり、道脇に小さな新しい木の祠があった。中に木札が納められていたが判読できなかった。若宮の上の場所に八幡社があるという。『続風土記』が「勢山」とする場所が今の「瀬山」である。

すさみ町の神社の棟札をくまなく調査した木村氏は弁財天社（弁天社）の棟札も調べている。江戸時代の棟札として残る七枚のうち一番古いのは、江戸幕府発足間もない慶長八年（一六〇三年）のもの。「奉建立弁財天舎一宇　此ノ棟札ニ田地高ノ書付アリ　先年ノ棟札ウセソロニ依テ今改メテ書ク者ナリ」と書かれている。『紀伊続風土記』が弁財天社にあると記す慶長の棟札が紛失したので、書き換えられたようだ。

一方、若宮にも元禄八年（一六九五年）から明治十年（一八七七年）までの計六枚の棟札が残っている。周参見と古座街道をつなぐ道沿いに位置する上村地区は古くから要所だったことがわかる。各地の矢倉神社は元来無社殿で、歴史を物語る手がかりに乏しい。だからこうした棟札は貴重な史料である。

## 三　下村の矢倉神社

上村から太間川に沿った県道を下村集落まで戻った。上村は現在十三戸というが、下村は二十戸ほどが道沿いに点在している。矢倉神社は下流から見て集落の一番奥、県道から苔むした石段を五十メートルほど上ったところにある。この社については『続風土記』にそれらしい記述はない。

写真4　下村の矢倉神社

しっかりした石垣の間に十三段の石段がつくられている。その上の平地の山際に石組みがされ、中央にコンクリート製の小社殿が建つ。社殿には赤く塗った木の鳥居がはめ込まれている（写真4）。背後は古墳の墳丘のような形の小山だ。大木は見当たらないが、古《いにしえ》は大樹を拝していたのだろう。

矢倉神社にコンクリートの社や赤い鳥居はいかにも不似合である。下村に住む昭和九年生まれの矢形《やかた》武氏によれば「子どものころ、社殿があった記憶がある。それが台風で飛ばされ、三十年ほど前に作り直した」という。

上村と下村の矢倉神社は明治四十年（一九〇七年）に、山一つ隔てた西牟婁郡三舞《みまい》村安居《あご》にあった三須和《みすわ》神社（現西牟婁郡白浜町安居）に合祀され、戦後に地元に戻ってきた。もともとは無社殿で、戦後間もない時期の遷座の時に社殿をつくったのではなかろうか。十三段の石段の上には一対の石灯籠が立つ。元治元年（一八六四年）の銘があり、向かって左には「願主下村　治良左エ門　平助」、右の灯籠には「上村　徳三良　下同人　善七」とある。上下両村の人が一緒に寄進したようだ。

合祀の記録は『西牟婁郡神社明細帳』（国文学研究資料館蔵）に載っている。当時、太間川は三舞村に属していたため、日置川上流の三舞村安居の村社、三須和神社に合祀された。この『神社明細帳』によれば、「村社矢倉神社（祭神不詳　三舞村大字太間川字羽谺《はざこ》鎮座）」と「無格社矢倉神社（祭神不詳　同村大字太間川字浦鎮座）」を明治四十二年（一九〇九年）十月十七日に三須和神社に合祀した。

羽谺は上村の、浦は下村の小字名というから、合祀の時点では上村の社が格上だったようである。

## 四　夫婦神

地元太間川では上村と下村の矢倉神社は「夫婦神」と言い伝えられてきた。『すさみ町誌』下巻（一九七八年）の上村矢倉神社の項では『続風土記』と『紀伊名所図会』の記述をもとに、それに言及している。前者は前述したので、『紀伊名所図会』の太間川村・木王神社の項を見てみよう。[*2]

木王神社　同所（上村）にあり
社地森山周囲九十六間、一に矢倉明神森とも云ふ、南紀神社録に云ふ祀神は木の祖久々能智《くくのち》神、さる故にや社殿なく木を以て宮の神体とす、続風土記には「日生或い日王とも書す」とあり。

『すさみ町誌』が注目するのは『続風土記』に日生（日王）とある一方、『紀伊名所図会』は木王としていることだ。その相違について『すさみ町誌』は「土地の年配者のなかには『ヒオウキオウの矢倉神社』と呼び、下村にある矢倉神社と夫婦の神様であると伝えられていると話す人もいる」と述べている。

上村地区に暮らす前岩暁《さとる》氏（昭和十七年生まれ）は「太間川地区は上（上流から）下に発展していった。上と下の矢倉神社は『めおと』だと聞いている」と話す。

どちらが夫神でどちらが妻神か前岩氏はわからないという。民俗学者の野本寛一氏が以前に現地で暁氏の父親、真一氏（大正三年生まれ）に聞き取り調査をした記録によれば、真一氏は「上村は『火用矢倉様』で火の神様、女の神。下村は『木用矢倉様』で木の神様、男の神」と答えている。[*3]

「日」と「火」の違いはあるが、音が先で字は後から付けられる例も多いから、いろいろな漢字をあてられても不思議はない。

日の神アマテラスは皇祖神で、その親神イザナミは火の神カグツチを産んだ時のやけどで死ぬ。「火」はもともと女神の陰部にあったという神話は世界各地にあるそうだ。[*4]「ヒオウ」が女神というのも一理あろう。

ヒオウ・キオウは「語呂」がいい。それに「日（太陽）」と、「木の国熊野」に縁が深い「木」は取り合わせとしても悪くない。上村から始まった自然信仰の場が、下流の人口増とともに下村にもでき、セットで語られるようになったのではなかろうか。

矢倉神社の祭りは上下とも十一月一日だったが、上村がその日を守っているのに対して下村は十月末の日曜日に変えた。「子どもたちが休みの日のほうがいい」という理由だそうだ。下村では「(上より)先にやっていいものか」という声も出たという。女神への遠慮があったのかもしれない。


下村に住む矢形武氏の妻久代さん(昭和十六年生まれ)から興味深い話を聞いた。久代さんが三十代のころ、夫の祖母キクさんを背負って矢倉神社の急な石段を上った。「そのとき、ここの神様の拝みかたを教えてくれたのです。キオウヤグラダイミョウジンサンノウサルタヒコノミコト、と覚えています」

これは「木王矢倉大明神山王猿田彦命」だろうか。山王は大津市・日吉神社の別称で、全国の山王系神社(日吉・日枝・山王)神社の総本宮。猿を神使とするという。神話ではサルタヒコは天孫降臨のニニギノミコトを道案内した。「木王」と「山王」の語呂合わせを猿でつなぐ、なかなかうまい祈り言葉だ。サルタヒコはその姿から天狗と習合しやすい。天狗は空を飛び「空神」ともなるから、祭神=空神とも接点がある。

## 五　合祀余話

上村の前岩氏から聞いた合祀のこぼれ話も面白かった。前述のように上村矢倉神社の境内には弁天社が鎮座している。上下の矢倉神社とともに弁天社も明治時代に三須和神社に合祀され、その神様は戦後に地元に戻ってきた。しかし最近になって、弁天社と下村矢倉神社の土地所有者は地籍簿に「三須和神社」と記されていることがわかった、というのである。

どうしてそんなことになったのか。

「土地の境界をめぐる問題が起きて、登記簿を調べてわかったのです。合祀の時、上村矢倉神社には地番（番地）がなかった。それに対して下村矢倉神社と上村の弁天社は地番を持っていた。地番を持つ社は土地ごと三須和に合祀され、地番のない上村矢倉神社はそれをまぬがれたということのようです。下村矢倉社と弁天社は神様だけ戻り、土地はそのままだったわけですね」

戦後、上村と下村の人びとは「太間川の神様が雨ざらしにされている。地元に返してほしい」と三須和神社に頼んで、迎え入れた。「村の長老たちは（アマテラスが籠った）天岩戸を開いた時の（常世《とこよ》の国の長鳴き鳥を集めて鳴かせたという神話のように）鳥の鳴き声をする、などの儀式でお迎えしたそうです。でも土地のことまで気が付かなかったのでしょう」と前岩氏。

「で、どうするのですか？」と尋ねたら、彼は「今さら返してもらっても、税金を払わされるだけだからそのままにしておこう、というのがみんなの意見です」と笑った。

＊1　『いなづみ』第十二号（すさみ町教育委員会、一九九四年）。
＊2　『紀伊名所図会　四』（歴史図書社、一九七〇年）。
＊3　野本寛一『熊野山海民俗考』（人文書院、一九九〇年）。
＊4　大林太良『稲作の神話』（弘文堂、一九七三年）。

# 第六章　「いつ」「だれが」勧請したのか——高倉神社の由来と伝承

## 一　謎多い人物、高倉下

熊野川の支流で、新宮市熊野川町を流れる赤木川流域に集中する高倉神社の祭神は高倉下命《たかくらじのみこと》である。また本宮大社のある田辺市本宮町にも高倉下を祭神とする神社が多い。日本神話に登場する高倉下を祀るわけだから、矢倉社と違ってその命名ははっきりしている。

ただ、高倉神社の場合も「いつごろ」「だれが」「どこに」高倉下を最初に勧請したか、がよくわからない。『紀伊続風土記』に記載された矢倉明神と同様に、もともとは樹木や大岩など自然物を崇拝していた場所に、いずれかの時点で「高倉」の名がかぶさったと考えられる。

高倉下は、熊野に上陸して間もなく国つ神の攻撃を受け窮地に陥った神日本磐余彦《かむやまといわれびこ》（神武天皇）を救った人物として『古事記』『日本書紀』に描かれている。しかし、その実態は謎に包まれている。熊野から越《こし》の国（現在の新潟地方）へ、その伝承を駆け足で追ってみよう。

神武軍を失神状態に追い込んだ相手は『古事記』が大熊、『日本書紀』は丹敷戸畔《にしきとべ》だが、ストーリーは似通っている。高天原《たかまがはら》から刀剣「韴霊《ふつのみたま》（布都御霊）」が地上に落とされる夢を見た高倉下が、夢の教えの通り剣を神武に差し出すと、軍勢は目覚めて敵を倒した、というものだ。刀剣はレガリア（王権の象徴）である。その献上は相手に対し軍事的、政治的に服従したことを意味する。高倉下は有力豪族・物部氏の一員だから、このエピソードは物部氏が天皇家に帰順したことを物語る。

ところで、『古事記』『日本書紀』とも高倉下は唐突に登場し、その出自、なんで熊野にいたかといった説明は一切ない。神武軍が攻撃を受け失神状態になった場面で、「この時熊野の高倉下、一ふりの横刀《たち》を賷《も》ちて、天つ神の御子の伏したまへる地《ところ》に到りて献《たてまつ》りし時」[*1]（『古事記』）、「時に、彼処《そこ》に人有《あ》り。号《な》を熊野の高倉下と曰《い》ふ」[*2]（『日本書紀』）と記すだけである。

高倉下の出自がわかるのは物部氏に伝わる『先代旧事本紀《せんだいくじほんぎ》』によってだ。平安初期に編纂されたこの文書は長らく偽書のレッテルを張られてきた。しかし今日では『古事記』『日本書紀』の丸写しの部分はあるものの、物部氏が伝えてきた古い物語などを含む貴重な史料として再評価されている。

高倉下については巻第五「天孫本紀」に次のような一節がある。[*3]

天照国照彦天火明櫛玉饒速日尊《あまてるくにてるひこあまのほあかりくしたまにぎはやひのみこと》、天道日女命《あまのみちひめのみこと》を妃《みめ》と為《し》て、天《あめ》上に天香語山命《あまのかごやまのみこと》を誕生《あれま》す。御炊屋姫《みかしきやひめ》を妃と為《な》し、天降《あまくだ》りて、宇摩志麻治命《うましまぢのみこと》を誕生す。児天香語山命（天降りての名は手栗彦命《たくりひこのみこと》。亦《また》は高倉下命と云ふ）。

熊野で神武を助ける、この後のくだりは『日本書紀』をなぞっている。

饒速日尊は物部の祖先神だ。天上で天香語山命（高倉下）をもうけ、神武に先立って大和に入った。地上で神武の仇敵長髄彦《ながすねびこ》の妹を娶《めと》って生まれたのが宇摩志麻治という筋書きである。ともあれ私たちは『先代旧事本紀』によって、高倉下が何者かを知ることができる。

熊野の古い家系とされる榎本・宇井・鈴木（穂積）は熊野三党と呼ばれ、高倉下の末裔《まつえい》と称した。新宮では「熊野の神邑《みわのむら》でそこに登った」という天磐盾《あまのいわたて》は神倉山のことで、そこに高天原から霊剣が落とされた、と伝えられてきた。高倉下は地元で馴染みの人物なのである。

不思議なことに、高倉下の消息はその後ぱったり途絶え、大和の橿原《かしはら》で即位した神武の論功行賞を受けたとか側近になったとかいう記事はない。神武は命の恩人の高倉下ではなく、彼の義弟の宇摩志麻治を取り立てたのである。

そればかりか、高倉下は即位間もない神武から日本海に面した越の国に移されるのだ。サラリーマンなら左遷のようなこの「人事」は『先代旧事本紀』にも出てこない。新潟県弥彦村にある彌彦《やひこ》神社の神職の家に伝わる「伊夜日子宮旧伝《いやひこのみやきゅうでん》」に記されている。それによれば、天香児山命《あめのかごやまのみこと》（天香語山命、天香山命）は熊野を出て船で米水浦《よねみずうら》（新潟県長岡市寺泊）に上陸、伊夜日子山（弥彦山）に移り、佐久良井《さくらい》の地に暮らして、（第六代）孝安天皇元年に亡くなった。

彌彦神社は越後一ノ宮と呼ばれる古社。祭神の天香山命は「おやひこさま」と呼ばれ敬《うやま》われている。標高六百三十八メートルの弥彦山頂には天香山命と、熊野か大和から夫を追ってきた熟穂屋姫命《うましほやひめのみこと》を祀る「御神廟《ごしんびょう》」がある。高倉下は天上↓大和↓熊野↓越と長い旅路の果てに夫婦で静かに眠っているというわけだ。

次の疑問は「何のために熊野にいたのか」である。これは全く史料がないから想像するしかないが、私は、高倉下がもし実在したとすれば、彼は大和盆地に進出した物部一族を代表して鉱産資源を探しに来たのではないか、と思う。

理由はいくつかある。

第一に熊野は古代から鉱産物にめぐまれた地域という目で見られていた。『続日本紀《しょくにほんぎ》』文武天皇時代の大宝三年（七〇三年）五月九日の条に「紀伊国《きのくに》の那賀《なが》郡と名草《なくさ》郡に、調《みつき》の麻布を出すことをやめさせて、かわりに絹糸を献上させた。ただ有田・飯高・牟妻の三郡には布のかわりに銀を献上させた」という記述がある。[*4]

大正十四年（一九二五年）刊行の『南牟妻郡誌』は、『続風土記』編纂に関わった仁井田源一郎が「献上された銀は楊枝《ようじ》鉱山から産出されたものだ」と述べたことを紹介している。[*5]

熊野川にそそぐ楊枝川一帯（現熊野市紀和町）は昔から銅を中心とした鉱産物で名高かった。『続風土記』の牟妻郡花井荘楊枝川村にある鉛山の項には「村の乾《いぬい》（北西）にあり銅鉛の二種出つ」ところという説明がある。また紀州藩が作成した『南紀徳川史』は「熊野銅山箇所地」として七十五か所を挙げている。その中に、鎌塚、小口など今、高倉神社がある地名も出てくる。[*6]

神話の時代の史料的な裏付けは望むべくもないが、物部氏が大和盆地での地歩を固めるため、鉱産資源を南に求め、一族の長の饒速日がその任務を息子の高倉下に託したことはありうることだと思う。

高倉下が探鉱や採鉱と関わっていたと考える第二の理由は、『先代旧事本紀』が伝えるその別名「手栗彦命《たくりひこのみこと》」である。漢字は後にいろいろあてられるから、ここでは「たくり」

「たぐり」といった読みが重要だ。

『古事記』にイザナミが火の神カグツチを産んだときホト（女陰）を焼かれて死ぬ場面がある。

この子（火之迦具土神《ひのかぐつち》）を生みしによりて、みほと炙《や》かれて病み臥《こや》せり。たぐりに生《な》れる神の名は、金山毘古神《かなやまびこ》、次に金山毘売神《かなやまびめ》。

「たぐり」は吐瀉物《としゃ》のことだ。そして金山彦、金山姫は踏鞴師《たたらし》から現代の金属産業まで、探鉱・製錬・金属関係者の崇拝があつい。イザナミが死の苦しみで嘔吐した「たぐり」が鋼滓《こうさい》（スラグ、かなくそ）に似ているという連想からだろうか。

第三に高倉下伝承の伝わる新宮は、元鍛冶町や新鍛冶町の町名があったように鍛冶屋が多かった。新宮鍛冶がつくる矢の根（鏃《やじり》）は有名で、豊臣秀吉に献上されたという。近辺には、その刀剣づくりが鎌倉時代までさかのぼるという入鹿《いるか》鍛冶（熊野市紀和町）や農機具・漁具を中心とした三輪崎鍛冶（新宮市三輪崎）などの伝統がある。

写真１　熊野市育生町の大丹倉

熊野市育生町の山中に大丹倉《おおにぐら》と呼ばれる高さ三百メートルの大岩壁がそびえている（**写真1**）。その頂上に近藤兵衛屋敷跡という史跡があり「天狗鍛冶の発祥地」と書いた説明板が立っている。十六世紀末にここに居を構えたという近藤兵衛は鍛冶職で修験者でもあった。矢の根づくりを得意とし、新宮の権太吉久、吉兵衛、久兵衛の三人に技術を伝授したと伝えられている。岩壁の上に籠り荒行をした近藤兵衛は天狗に見立てられ、天狗鍛冶の名がついた。

大丹倉の頂上には「高倉剱《つるぎ》大明神」が祀られ、大丹倉に通じる山道の脇には巨岩をご神体とする無社殿の丹倉《あかくら》神社がある。近藤兵衛を介して鍛冶と高倉下は結びついている。

『続風土記』は新宮城下神倉山の項で高倉下について「嶽《がく》又岩山なといふ峻《けわし》き嶽を熊野山中にては久良《くら》といふ　さて其《その》久良の下に坐す神なれは倉下とは称へたるなり」と書いている。高倉下は熊野によくある「クラ」の下に本拠を構えていたのではなかろうか。

高倉下が採鉱や採鉱に関わった人物で、その名が岩壁や大岩に由来したとしても、その一族が樹木信仰と無縁だったとはいえまい。採鉱や製錬に木材を使うからだけではなく、高倉下が属した物部氏のルーツが樹木と関連していると思われるからである。

『先代旧事本紀』によれば、物部氏の祖先神、饒速日尊《にぎはやひのみこと》は天照大神《あまてらすおおみかみ》とともに天上界を差配した高皇産霊尊《たかみむすひのみこと》（高御産巣日神）の孫である。そして『古事記』はタカミムスヒを高木神《たかぎのかみ》とも呼んでいるのである。その名は高い樹木に降臨するカミを想わせる。物部氏に樹木信仰があったとしても不思議はない。

神武が熊野に上陸した時、高倉下はどのあたりをおさえていたのだろうか。

本宮大社の旧社地である大斎原《おおゆのはら》は熊野川の中洲だ。その現在の地番が「田辺市本宮町本宮字高倉地一番地」であることは興味深い。

江戸元禄年間に紀州藩士の児玉荘左衛門が熊野三山を回った紀行文『紀南郷導記《きようどうき》』は、大斎原について「此地主ハ高倉下ノ神ナリ」と記している。[*7] また泉州堺出身の医師玉川玄龍の参詣記『熊野巡覧記』（寛政年間）にも「高倉下命は本宮地主権現也」のくだりがある。[*8]

熊野本宮大社の摂末社のひとつに高倉下を祭神とする高倉神社がある。旧社地の地番が「高倉地」であることと併せ、高倉下と本宮の縁の深さがうかがえる。

このあたりには『記・紀』神話がらみの高倉下伝承もある。川湯温泉の背後にそびえる飯盛山の山頂付近には「ホコジマさん」と呼ばれる大岩があった。そこは高倉下が天上からの霊剣を得た場所だと言い伝えられてきた。二〇一五年十二月十八日、友人の杉本裕一氏と現地を訪ねた。大岩は終戦前後の地震で崩れて砕けてしまったそうで、今は跡地に祠が建っている（写真2）。

前述のように、新宮の神倉山には「高倉下が霊剣を授かったところ」という伝承が引き継がれている。彼は神武がやって来た当時、熊野川と赤木川が交わる一帯から河口の場所あたりを勢力地として、鉱物を探していたのではなかろうか。

**写真2**　大岩「ホコジマさん」の跡に建つ祠

そうだとすれば、現在の那智勝浦町浜ノ宮あたりを本拠としていたと思われる丹敷戸畔《にしきとべ》と対峙することになる。「丹」は水銀の意味もある。女族長と見られている丹敷戸畔は那智山を中心に一帯の鉱産資源をおさえていただろう。神武が丹敷戸畔を殺したとき、丹敷戸畔軍が毒気《あしきいき》を吐いた、と『日本書紀』は記す。鉱山におびき寄せ鉱毒ガスで攻めたという空想もできる。高倉下は神武と組んで仇敵を倒した、といえるかもしれない。

高倉下伝承は人びとの記憶から遠のいていた。しかし近世になって「仏教に対する神道の巻き返し」「国学の興隆」「記・紀神話の見直し」などが起こる中で復活し、地元の自然信仰の社に「高倉」の名が付けられ、周辺に勧請されていったのではないか。

神武についてはその実在を疑う向きも多い。私は「神日本磐余彦（神武）は何人もいた武装集団のリーダーの中で、大和まで到達した勇猛な武人として後世の記憶に残った人物に付けられた名」と考えている。日本武尊《やまとたけるのみこと》の伝承がヤマト王権の拡大に働いた人物を一括した英雄譚《えいゆうたん》だったように、神武伝承もいくつかあった創成期物語をまとめたものだろう。英雄になった武人と大和の先住者・物部氏の探鉱者が熊野で出会う。それもあり得ることではなかろうか。

二月の御燈祭《おとうまつり》は新宮の街の風物詩、神倉山の頂上から松明《たいまつ》の火が一斉に下る勇壮な祭りだ。山頂に鎮座する神倉神社（熊野速玉大社の摂社）の祭神は天照大神《あまてらすおおみかみ》と高倉下命だが、高倉下がそこにいつから祀られたのかを示す古い史料は少ない。

江戸後期の『続風土記』には「神倉社　祀神　高倉下命」と明記され『古事記』や『先代旧事本紀』が引用されている。
一方、神倉山にあった妙心寺の由来を書上した「神倉伝記　幷《ならびに》妙心寺由緒言上《ごんじょう》」によれば、この文書が提出された元和八年（一六二二年）、つまり江戸初期にはすでに天照大神と高倉下命が祀られていた。[*9]
室町初期の編纂といわれる『熊野山略記』は新宮の項で「神蔵霊崛《れいくつ》者（社）は神剣の所在地である。蓮の花のような岩の下の窟《いわや》の中に宝剣がある」と記す。崛は山がそびえたつ様を表す。しかし『熊野山略記』には神倉山と高倉下を具体的に結びつける記述はない。
こうしたことから、そこは神武東征神話の舞台で高天原から刀剣師霊が落とされた所だという伝承が中世に定着し、近世になって神倉山頂に高倉下が祀られるようになった、という経緯ではなかろうか。

## 二　赤木川流域に集中する高倉神社

高倉神社は新宮市に合併した熊野川町を北東から南西に流れる赤木川とその上流域に集中している。赤木川は日足《ひたり》地区で熊野川に合流する。そこから熊野川をさかのぼれば本宮に達する。私は、本宮の旧社地だった中洲から河口あたりまでをおさえていた高倉下が、その周辺で鉱物資源を探していたのではないか、と想像する。高倉下伝承が残る場所に高倉神社が生まれるのは自然な成り行きだった。

矢倉神社（矢倉明神）と高倉神社は形式が似ている。双方とももともとは無社殿で、樹木や大岩を崇めていたが、一方は谷＝ヤとクラの組み合わせから矢倉と呼ばれるようになり、一方は地域にその伝承がある高倉下を勧請し、新たな神社名にしたのだろう。

熊野川町の高倉神社も自然崇拝の場所だったとすれば、「いつごろ」「だれが」高倉下を勧請したのだろうか。それを考える前に、まず赤木川流域の高倉神社群を一覧してみよう。明治十二年（一八七九年）から記帳のある『東牟婁郡神社明細帳』（和歌山県立文書館蔵）は次の十一社を挙げている。

| | | | |
|---|---|---|---|
| ①東牟婁郡日足村字神丸《かんまる》 | 無格社 | 高倉神社 | 社殿桁《けた》行三尺　梁《はり》行二尺 |
| ②同村字水谷垣内《かいと》 | 村社 | 高倉神社 | 社殿無 |
| ③同村字水谷垣内 | 無格社 | 高倉神社 | 社殿無 |
| ④同郡椋《むくの》井《い》村字里 | 村社 | 高倉神社 | 社殿無 |

⑤同郡赤木村字宮ノ口　村社　高倉神社　社殿無
⑥同郡上長井村字宮ノ川原　村社　高倉神社　社殿無
⑦同郡大山村字庵《あん》ノ岡　村社　高倉神社　社殿無
⑧同郡鎌塚村字宮ノ平　村社　高倉神社　社殿無
⑨同郡瀧本村字西ノ平　村社　高倉神社　社殿無
⑩同郡畝《うね》畑《はた》村字仲井内　村社　高倉神社　社殿無
⑪同郡北ノ川村字モチノ木　村社　高倉神社　社殿無

これをみると、無社殿神社が多いのに驚く。赤木の高倉神社などその後に社殿を建てたところもあるが、大山、滝本、畝畑など奥地の社は今も社殿がなく古風を残している（第九章参照）。日足村水谷垣内になぜ二つの高倉社があるのか、については第八章で私の推測を述べる。

赤木川流域では村々が点在しており、舟を除いて往来は不便だったろう。自然物を崇める拝所のどこかに高倉下が最初に勧請され、それが奥地へと広がって高倉神社が増えたのではなかろうか。

ここで気になるのは『神社明細帳』より時代が古い『続風土記』にこのあたりの高倉社の記述がないことである。

東牟婁郡三村郷日足村の小字である相須《あいす》神丸《かんまる》、小口川郷長井村、大山村、鎌塚村、瀧本村、北ノ川村には神社の記載はなく、小口川郷椋ノ井村、赤木村、畝畑村にそれぞれ「小祠《しようし》一社」があると書かれているだけだ。

『続風土記』は紀州藩が、儒学者の仁井田《にいだ》好古《こうこ》(模一郎)を中心に仁井田源一郎、本居内遠、加納諸平らに編纂させた地誌である。文化三年(一八〇六年)の着手から幾度もの中断を経て、天保十年(一八三九年)にようやく完成した。近世の熊野を知るための第一級の史料だ。

笠原正夫氏によれば、一行は現地調査に先立って各地の村々をまとめる大庄屋《おおじようや》に対し、地名に関する事項、名所旧跡、古書・記録類など二十六項目について記述方法を具体的に示して、報告させている。[*10] 熊野川、赤木川の当該地域の現地調査は天保四年(一八三三年)の十月から十一月にかけて行われたようだ。

だが『続風土記』の記述には、描写が具体的で調査一行の目で確認したと思われる部分と、大庄屋らの報告をそのまま記載したような部分など「濃淡」がある。高倉神社が明治になって一斉に誕生したとは考えられないから、「高倉」の名がついた社を見落としたり、地元の報告そのままに「小祠」と記載したりした例があるのではなかろうか。

そう推測するのは、『続風土記』の完成から六十年以上もさかのぼる安永五年（一七七六年）の大庄屋御用留《ごようどめ》に、赤木村と長井村・西村・東村にそれぞれ「高倉大明神」が祀られていたことが明記されているからである。

大庄屋は江戸時代に郡代・代官の指揮下にあって十数か村の庄屋を支配した村役人だ。大庄屋御用留は彼らが提出した公用文書の控えである。『熊野川町史』の資料編には、当時地元の村々を束ねていた大山組の大庄屋の配下の庄屋らが地元の信仰について上申した貴重な記録が載っている。[*11]『続風土記』のなかの「牟婁郡中荘並村名」によれば、大山組は小口川郷の赤木村、長井村、西村、東村、大山村、鎌塚村、瀧本村、北ノ川村、畝畑村の九か村からなっていた。

このうち長井村・西村・東村と赤木村の記録を、わかりやすく読み下すと次のようになる（カッコ内は筆者注、□は判読不明）。前者の「高倉大明神」は牟婁郡小口川郷の長井村、西村、東村が共同で祀っていたようだ。

紀伊国牟(妻)楼郡大山組西 村
長井村
東 村

一高倉大明神
東向

饒速日尊《にぎはやひのみこと》

高倉下命

天御中主之尊《あめのみなかぬしのみこと》

右一社鎮座の頃は其《その》上より御座無く候得共《そうらえども》、何《いず》れの時と申す儀は、古書・旧記等御座《ござ》無く、相知り申さず候《そうろう》。毎年神事祭礼の節は産子《うぶこ》（氏子）中より相整《あいととのえ》申し候。官職の神主等も御座無く、平社にて御造営入用万端《ばんたん》、産子中より仕《つかえ》来る事、旧例の第一に御座候。掃除等の義も怠惰なく仕来り候。当社に就《ついて》は何等《なんら》の相替る義、御座無く候。以上

産子中物代長井村庄屋
文左衛門

右同断西村庄屋
平　蔵

右同断東村庄屋
六郎兵衛

安永五年

申《さる》四月十八日

御順拝社頭司職
結麻五十鈴之資殿

紀伊国牟楼郡大山組赤木村

一高倉大明神　　東向

饒速日ノ尊

高倉下命

天御中主尊

右一社鎮座時代何れの時と申す儀、旧記・伝来等も御座無く相知り申さず候。往古より宮なく御座候。高々たる森のその中に神代の小棚をかざり、かつ正風《しようふう》（正しい姿）を祈るのみにて外事《ほかのこと》なし。毎年霜月（旧暦十一月）朔日《ついたち》、神事祭礼古例あって産子中より相整え、尤《もつと》も御饌米、御神酒ささげ申し候。古来より社職・官人御座無く、勿論《もちろん》、社料（領）等も御座無く候。掃除人一人御座候。而《しかして》怠惰無く掃除仕来り申し候。当社に就《ついて》は何等の相替る義、御座無く候。以上

産子中惣代□□人
三十郎

右同断　同村庄屋
文兵衛

安永五年申四月十九日

御順拝社頭司職
結麻五十鈴之祐殿

これらは巡回してきた社寺関係の役人に提出された文書らしく、その形式が似通っている。最後のくだりは「祭神などの変更はない」という意味だろうか。なお饒速日は物部氏の祖神で、高倉下の父とされる。またアメノミナカヌシは『古事記』が「高天原に最初に成った」とする神である。

赤木村の高倉大明神で注目されるのは「昔から社殿がなく、大樹の繁る森の中に神棚をつくって、カミを祈っている」と説明していることだ。そこが自然信仰の聖所だったことを物語っている。

赤木村と長井村の高倉大明神が『神社明細帳』に記載された赤木村と上長井村の高倉神社に相当することは間違いあるまい。現在はそれぞれ赤木の高倉神社（新宮市熊野川町赤木）、小口の高倉神社（同町上長井）に引き継がれている。

江戸時代大山組の大庄屋御用留からわかることは、赤木川流域の高倉神社のうち、赤木村と長井村・西村・東村の高倉社はその信仰が少なくとも江戸中期までさかのぼれる、という事実である。赤木と小口の旧社地については第九章でふれたい。

## 三　高田の高倉神社

高倉神社の勧請由来を考えるとき、検討から外せないのは牟婁郡浅里郷里高田村《さとたかた》にあった高倉明神森である。『続風土記』の牟婁郡の中で「高倉」の付いた社であり、現在の高田高倉神社（和歌山県新宮市高田）に引き継がれている。

まず『続風土記』の記述を紹介しよう（カッコ内は筆者注）。

高倉明神森　　境内山周四町
村の北（高田）川端にあり　高田三箇村（口高田村、西高田村、里高田村）の産土神なり　社なし　祭礼の時当ノ坐（当屋）の家夫婦白衣を著《ちょ》して上坐すといふ　勧請の事栗須《くるす》孫総《まごそう》の條下に出つ

○旧家　　栗須孫総
古老伝え云ふ　高田三箇村の地幽谷にして古《いにしえ》は人家田田園なし　中世入鹿郷《いるかのさと》大栗須《おおぐるす》村《むら》に孫総と云ふものあり　志願ありて那智山に参詣するに此地を往来とす　村中河原

小屋と云ふ所に始めて麻を植えて土地の可否を試む　後伊勢国の尼を妻とし当地に居住して田畠を開墾せしより子孫繁栄して終《つい》に三箇村となる　此家其嫡流《そのちゃくりゅう》なりといふ　氏神高倉明神は孫総の妻伊勢より勧請すといふ

高倉明神をめぐっていろいろなことが語られている。

①近辺三か村で祀る高倉明神には社殿がない。
②祭の時、当屋の夫婦は白衣を着て上座に座る。
③三か村は入鹿郷（三重県熊野市紀和町）にいた栗須孫総が拓いた。那智山に参詣する際、この地を往来するうちに、麻の栽培から始めて田畑を開墾し、子孫は大いに栄えた。
④孫総は伊勢の尼を娶《めと》った。氏神の高倉明神は孫総の妻が伊勢から勧請した。

清水太郎氏や山本殖生氏によれば、栗須孫惣（孫総）は修験者だったようだ。[*12] 那智山と高田の間には烏帽子《えぼし》岳（九百九メートル）がそびえる。彼は入鹿地区から熊野川に沿って下り、高田を通って修行地の那智山に通ううち、高田の地が気に入り、その開村者になったということだろう。修験者（山伏）の夫と巫女《みこ》や比丘尼《びくに》の妻というカップルは珍しくなかった。
孫惣の妻が伊勢から勧請したのが「高倉明神」であったかどうかはわからない。勧請した別の神の上に、後に高倉下がかぶさった可能性もあるからだ。三重県伊賀市西高倉には高倉神社という古社があり、社伝によれば高倉下命の七世の孫、倭得玉彦命《やまとえたまひこのみこと》が祖先神を祀ったのが創始とされる。ただ、その社が関係しているかどうかも不明だ。

中世からの伝承とはいえ、『続風土記』に登場する里高田村の高倉明神は、私がテーマとしている自然信仰の拝所に「高倉」の名がつけられた社のルーツとは思えない。孫惣の妻が氏神・屋敷神として勧請したのだろうし、なぜ高田周辺でなく赤木川流域に高倉社が集中しているか説明できないからである。

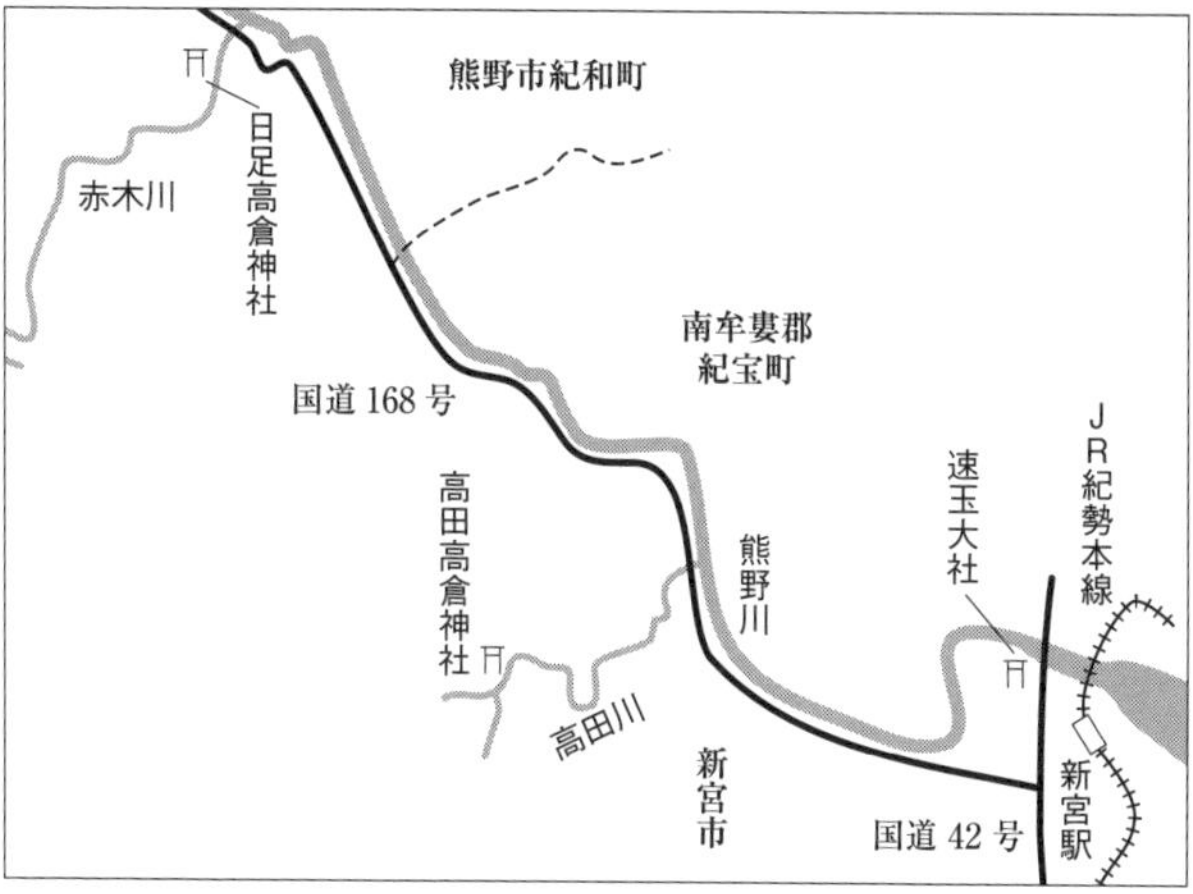

**写真3**　新宮市高田の高倉神社

ともあれ、中世までさかのぼるという伝承地の高倉神社には興味がある。二〇一五年八月二十一日、私は新宮市高田の県道と赤木川の間に鎮座する高倉神社を再訪し、地元の長老、山崎信雄氏（昭和三年生まれ）の話を聞くことができた。同氏は平成元年（一九八九年）から十五年（二〇〇三年）まで神社総代を務めた。

まだ新しい鳥居や割り拝殿を抜けると、石垣の上に覆い屋の中に納まった本殿がある（写真3）。社殿の下には文政十年（一八二七年）や天保十年（一八三九年）の石灯籠が並んでいる。拝殿は二〇一一年九月に紀伊半島を襲った台風一二号の水害で流され建て直した。本殿は石垣の上にあったので助かったという。イチイガシ、スギ、ツブラジイ、クスノキなどの老木、大木のほか多くの樹木が繁る社叢《しゃそう》は新宮市指定文化財になっている。

山崎氏は高田集落を見下ろす高台に暮らしている。

「栗須孫惣は那智の色川から烏帽子岳の裾を通って高田に来た。その山中で一眼一足の一つダタラに襲われ、狼に助けられた。彼はそのお礼に狼に対して『自分を含め子子孫孫、遺骸を大神に与える』と約束しました。当初はそうしていた栗須家も、そのうち家の周りに石垣を築いたそうです」

「栗須姓の人は、高田からみんな出て行った。その血筋を引く女性がいましたが、その人も亡くなりました」

「高倉神社のお祭りは十二月一日。昔はたいそうにぎわったが、今は一通りの神事と餅ほり（餅撒き）ぐらい。戦前まで奉納相撲があり、小中学生の部、青年の部に分かれ、地区ごとに競い合ったものです」

写真4　孫惣夫妻の墓碑

山崎氏によれば、今の神社は口高田村、西高田村、里高田村にそれぞれあったお宮を現在地にまとめて、ひとつにしたものだ。『続風土記』に載った高倉明神の宮跡は、新宮市高田支所の建物の裏手の小高い場所にある。そこは旧里高田村で、小公園になっている宮跡には栗須家の庭から移転したという孫惣夫妻の墓碑が建っている（写真4）。

一方、西高田村のお宮は西高田小豆尾の山中にあったそうだ。現場は昭和三十年（一九五五年）の山崩れで三家族七人が犠牲になったところ。山﨑氏が建てた供養塔がある。口高田村のお宮跡は高田地区から国道一六八号に抜ける山道沿いにあったという。

＊1 『古事記』（倉野憲司校注、岩波文庫、一九六三年）。
＊2 『日本書紀 二』（坂元太郎・家永三郎・井上光貞・大野晋校注、岩波文庫、一九九四年）。
＊3 『先代旧事本紀』（『歴史読本』二〇〇八年十一月号、新人物往来社）。
＊4 『続日本紀 上』（宇治谷孟著・全現代語訳、講談社学術文庫、一九九二年）。
＊5 『南牟婁郡誌 下』（名著出版、一九七一年）。
＊6 「十寸穂《ますほ》の薄《すすき》 下」（『南紀徳川史』第十一巻、名著出版、一九七一年）。
＊7 『紀南郷導記』（紀南文化財研究会、一九六七年）。
＊8 『熊野巡覧記』（紀南文化財研究会、一九七六年）。
＊9 『新宮市史』（一九三七年）第十編、旧誌古文書の中の妙心寺文書。
＊10 笠原正夫『近世熊野の民衆と地域社会』（清文堂出版、二〇一五年）。
＊11 『熊野川町史』資料編Ⅰ（二〇〇〇年）。
＊12 清水太郎「熊野の信仰伝承」（『山岳宗教史研究叢書16 修験道の伝承文化』名著出版、一九八一年）。

# 第七章　祭神として散らばった高倉下――大社のお膝下・本宮町

# 一　あちこちにある八川神社

熊野本宮大社の旧社地の「地主」とあって、高倉下《たかくらじ》は本宮周辺で引っ張りだこ、多くの神社の祭神におさまっている。『本宮町史』が記す高倉下命を祭神とする町内の神社は次のようだ。祭神が複数の社も含む。[*1]

| 神社名 | 所在地 |
| --- | --- |
| **三里地区** | |
| 三里神社 | 本宮町大字伏拝字萩一四五二番地一 |
| 神明神社 | 同町大字大居字瀧頭通り |
| 地主神社 | 同町大字土河屋字鹿渕 |
| **本宮地区** | |
| 高倉神社（本宮大社） | 同町本宮一一一〇番地 |
| **四村《よむら》地区** | |
| 四村神社 | 同町大字皆地字鏡山 |

地主神社　同町大字下湯川字峯久保
八川《やかわ》神社　同町大字久保野字栗垣内
八川神社（若宮神社）　同町大字平治川字上西畑
瀧神社　同町大字平治川字立畑
八川勝手神社　同町大字檜葉字中平
八川勝手神社　同町大字皆地字敷地平
八川勝手神社　同町大字武住字和田

**請川《うけがわ》地区**

筌川《うけがわ》神社　同町大字耳打四七二〜五二五番
木葉神社跡　同町大字請川字蟬ケ谷
八川神社跡　同町大字耳打字表
八川神社　同町大字皆瀬川字兒ケ谷
地主神社　同町大字田代字倉山
八川神社　同町大字東和田字津呂
高倉神社　同町大字静川字笠木
八川神社　同町大字蓑尾谷字若宮

八川神社跡　　　　　　同町大字野竹字左田

高倉下を祭神としている神社の数に驚く。筌川神社のように明治末年に合祀を実現するために新設した社がある、合祀された神様が戦後に旧社に戻った、など数が増えた要因はあろうが、前章で述べたように地元に高倉下伝承が根付いているからこそ各地に勧請されたのだろう。

とりわけ八川神社の数が目を引く。その理由については『紀伊続風土記』牟婁郡四村荘皆瀬川村の八川明神社の解説が参考になる。皆瀬川村は川湯温泉のある場所だ。『続風土記』の記述を今の言葉にして紹介しよう。

○八川明神社　境内山周三町五十四間
村の南へ六町（七百メートル）ばかりの小名《こな》（小字）串にある。古老によれば、その神はもともと（同じ四村荘で熊野川の対岸の）高山村の内藤母屋に鎮座して、野竹・曲川《まがりがわ》・檜葉《ひば》・耳打・皆瀬川・蓑尾谷《みのおだに》・和田・静川、八ケ村の産土神《うぶすな》だった。神主は皆瀬川村に住んでいた。ある年のこと、祭りの日に熊野川の増水で神主が神社に行かれなかった。氏子らは酒を飲んで待ったが、待ちきれずに解散した。ようやく到着した神主は氏子がいないのに怒り、神社のご神体を背負って皆瀬川村に帰った。それを聞いた氏子らは、神社内にあった玉・鈴・鏡などをそれぞれの村に持ち帰って、ご神体として祀った。

本宮町は大川（熊野川）から山間の小川まで川が多い。八ケ村の「八」に「川」を付けて共通の神社名にしたのかもしれない。面白いエピソードだが、実際にあった話というより、これは八川という名の神社があちこちに鎮座している由来を説話的に表したものではあるまいか。『続風土記』は高山村にあった神社名やその祭神を明示していないが、高倉下だった可能性はあろう。

『本宮町史』によれば、明治末期の神社合祀で「八川」の名が付き、かつ高倉下を祭神とする九社が四村神社と筌川神社に合祀された。近世のある時期、本宮近くのどこかの神社に高倉下が勧請され、それが周辺の社に分祀されていった。私はそんなふうに考えている。

本宮大社
国道168号
熊　野　川
国道168号
国道311号
筌川神社
木葉神社
川湯温泉
静川高倉神社

## 二　木葉神社と静川の高倉神社

冒頭に列挙した高倉下を祭神とする神社のうち、請川の木葉《このは》神社と静川の高倉神社を訪ねた。前者は磐座《いわくら》、後者は背後の滝が見ものと聞いたからである。

木葉神社は『続風土記』に牟婁郡四村荘請川村の産土神森として載っている。

産土神森　境内森山周六十間
村中にあり空神《そらがみ》を祀るといふ　社なし　古《いにしえ》は本宮の地主神を産土神とす　村中の著姓大抵旧《ふるく》は本宮の社家なりといふ

請川はもともと筌川と書いた。「筌《うけ》」は魚を捕る道具だ。『続風土記』は「筌川（現大塔川）で筌を作り魚を捕っていたので、その名が付いた。それが訛り転じて請川になった」としている。

新宮から国道一六八号を本宮に向かい、請川集落の手前、下地橋バス停で左折、松畑谷川にそって五分ほど走ると、川が大きく蛇行した場所に小さな森がある。そこが木葉神社

**写真1**　木葉神社（産土神森）

である。現地を訪れたのは二〇一五年十月二十五日。熊野の石仏などに詳しい堀敏実氏が同行してくれた。

自然石を積んだ急な石段を上ると、木々の間から上部がせり出した大岩が現れた（写真1）。それがご神体だ。大岩の下の平地には川原石が敷かれ、灯をともす部分が欠けた石灯籠がポツンと立っている。天保五年（一八三四年）と彫ってあるが、願主は字が摩耗して一部読めない。『熊野の民俗　和歌山県本宮町』によれば、宅坊茂八良が奉納した。*2

同書は地元の聞き取り調査として「請川のソラ神さんはタカクラ天王という。御神体は高い岩クラである」と記している。「空神」は巨木や大岩に宿るカミで、空中を自由に飛ぶ天狗になり、その風貌からか猿田彦へも転化した。

「タカクラ天王」は高倉下のことだ。『続風土記』は「昔は本宮の地主神を産土神としていた」と記す。本宮に近い請川村にはその神職の家も多かったことだろう。高倉下が一目置かれ、地元の各神社に勧請された理由がわかる気がした。

本宮大社の旧社地大斎原《おおゆのはら》に並んでいた社殿の大半は明治二十二年（一八八九年）の洪水で流され、現在はそこに中四社・下四社と元境内摂末社を祀る石祠《せきし》が二つ並んでいるだけだ。地主神の高倉下は、後者に大国主神らと仲良く鎮座している。

私はこの旧社地が好きだ。熊野一番の聖地と思っている。高倉下も参拝者が絶えない今の社殿より、ひっそりとした元の中洲にとどまっているのを喜んでいるのではなかろうか。

一方、本宮町静川の高倉神社は『続風土記』や明治十二年（一八七九年）から記帳のある『東牟婁郡神社明細帳』（和歌山県立文書館蔵）にその名は見当たらない。しかし、後者には東牟婁郡静川村字笠木の地に高倉下命を祭神とする八川神社が載っており、「明治四十三年一月十二日筌川神社に合祀許可、大正三年二月十一日合祀済届出」と加え書きされている。所在地からも合祀記録から見ても、その八川神社が大正以降のどこかの時点で現在の矢倉神社に呼称を変えたと考えられる。

静川集落は川湯温泉から大塔川に沿って県道を南西に進んだところにある。二〇一六年二月十一日、熊野本宮語り部の会会長の坂本勲生《いさお》氏と一緒に、集落の一番奥に暮らす山蔭七郎氏（大正十四年生まれ）のお宅で話を聞いた。その先一キロ余の場所に高倉神社がある。

「大塔山中に逃れた平家の一党は、世の中が落ち着いてからこのあたりに降りてきて居を構えた。ここには落人の子孫もいます」

「明治末の合祀に村民は強硬に反対した。その結果、筌川神社に合祀はするが旧社を礼拝してもいい、ということになりました。村民は筌川に行かず、これまで通り地元で一月と九月の祭りを続けました。ご神体は御幣《ごへい》でした。平成二十年（二〇〇八年）に鏡を買って（御幣に加えて）ご神体にしました」

県の合祀方針に抵抗して地元での「参拝権」を勝ち取ったのは、静川に旧家が少なからずあり、また資産家もいて発言力があったからだろう。『続風土記』は江戸後期の四村荘静川村について「かつては水運に恵まれ材木や炭で富豪も多かった。良木を伐りつくし貧しくはなったけれども、家屋はどこも立派だ」と評している。例祭は今は年一回（十一月三日）だが、年に二度していたのは、それだけ地域に余裕があったといえる。

神社名が八川神社から高倉神社に変わった時期や理由はよくわからない。山蔭氏は「大塔川、静川、筌川、皆瀬川、平治川、四村川、曲川、蓑尾谷川など八か所の川の付く地区の神社をまとめて呼んだ呼称が八川神社で、みんな高倉下命をお祭りしていたから、静川では『静川高倉神社』と言う名になったのではないかと思います」と語る。そうかもしれない。いずれにしても、地元の人にとっては神社名より「タカクラ」様を祀っていることが大事だったと思われる。

平家の落人伝承が伝わる地だから、高倉下と高倉天皇（平清盛の娘を中宮にした第八十代天皇。その子の安徳天皇が壇ノ浦で入水した）が時空を超えて重なり合うこともあったろう。

写真2　静川高倉神社（右）と「宮の滝」

写真3　静川高倉神社に納められた鏡と御幣

地元の神社を参拝し続け、そこで祭りをしてきた静川の人たちにとって「合祀された」という意識も薄かったのではなかろうか。

山蔭氏が高倉神社に案内してくれた。大塔川沿い、景色の良い場所に石垣が築かれ、その上に一九九二年に新築した覆い屋が建っている。その左側に石組みがあり、供物台には餅など正月のお供えが並んでいた。左端の長方形の石には寛政元年（一七八九年）との彫りがあった。

この社の特徴は背後の岩盤から流れ落ちる滝である（**写真2**）。二段で最上部からは百メートル以上ある「宮の滝」だ。滝を見上げる所に石組みの拝所ができている。ここはもと、滝を崇《あが》めた無社殿神社だったのだろう。『神社明細帳』に載った静川村の八川神社は「社殿無」となっている。社殿が作られた時期は不明だが、山蔭氏が子どものころ（昭和の初め）には小さな社殿があったという。

彼が覆い屋の鍵を開けて中を見せてくれた。木製の社殿の中にさらに木の祠があった。真ん中に新しいご神体である鏡が鎮座、その背後に銅板と紙を使った二組の御幣が納められている（**写真3**）。かなり古そうな御幣には「高倉下命」「穂屋姫命」と墨書されている。ホヤヒメは高倉下の奥さんだ。

「二つの御幣のどちらかが合祀先に運ばれ、その際、静川の氏子がもうひとつの御幣を作った」。私はそんな想像にかられた。

＊1　『本宮町史』文化財編・古代中世史料編（二〇〇二年）。

＊2　『熊野の民俗　和歌山県本宮町』（近畿民俗学会、一九八五年）。

# 第八章　五つの謎に迫る——日足高倉神社をめぐって

## 一　合祀、そして移転

新宮市熊野川町の赤木川流域に集中する高倉神社は、神武東征伝承に登場する高倉下《たかくらじの》命《みこと》を祭神としている。しかしその多くは、もともと大岩や樹木を崇拝する自然信仰の社だったと思われる。現在も、上流域の大山、滝本、畝畑《うねはた》の高倉神社は無社殿である。

この章では、赤木川が熊野川に合流する地点に鎮座する日足《ひたり》高倉神社に焦点を当て、そこへの合祀や被合祀社にまつわる謎や疑問に迫ってみたい。現地の探索は二〇一五年四月八日と五月七日に行った。

日足高倉神社は、旧東牟婁郡三津ノ村の合祀方針に沿って、明治三十九年（一九〇六年）十二月に村内九社が大字日足字神丸《かんまる》七六一番地に集められ、新たに発足した。その後、大正十四年（一九二五年）五月に現在の日足字坪井六二五番地に移転した（地図①、写真1）。明治時代の合祀、大正時代の移転については『熊野川町史』で廣本満氏が詳しく書いている[*1]ので、ここではその経過の要点を記すにとどめたい。

和歌山県は三重県と並んで神社合祀に熱心だった。三津ノ村では、そんな県や郡役所の

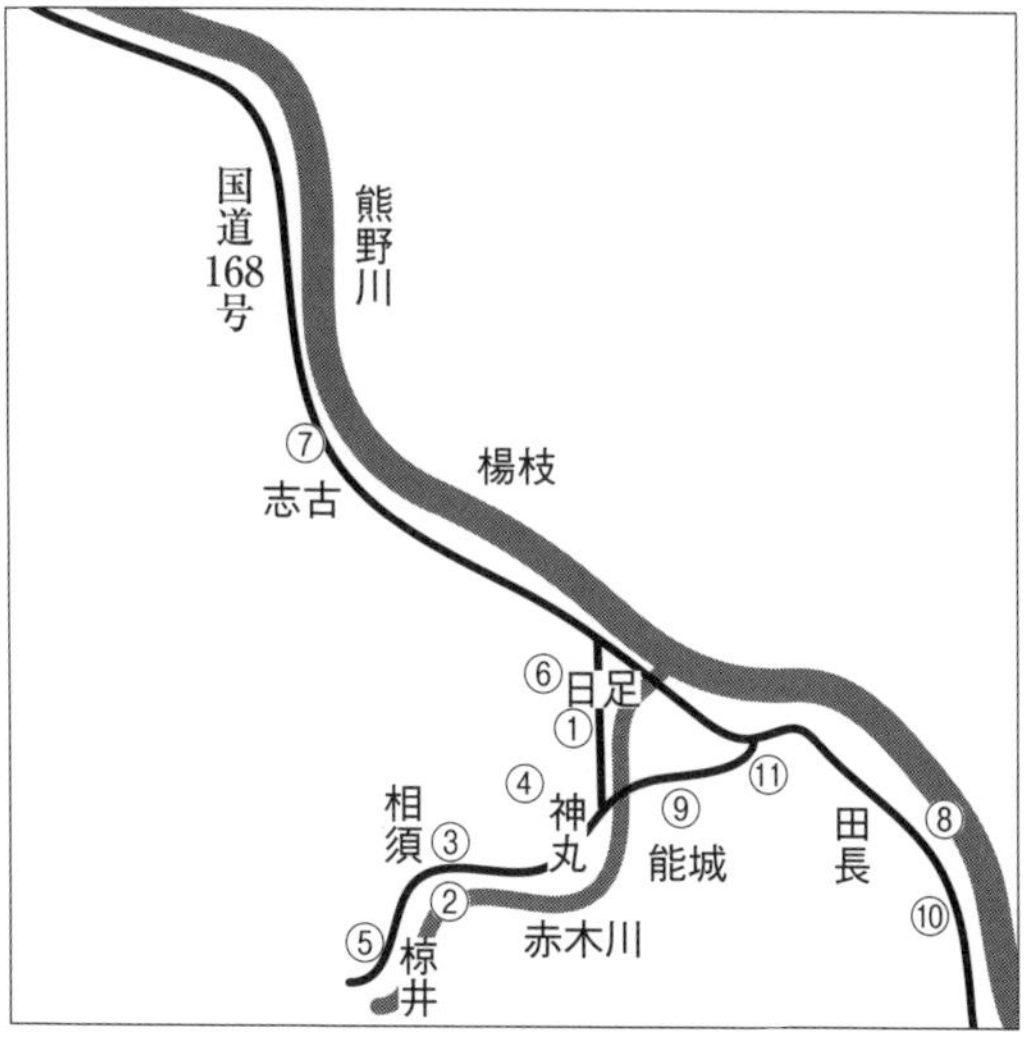


各神社の所在地（数字）と周辺の地名

| 神社名 | 鎮座地／現在の呼び名 | 写真・地図 |
|---|---|---|
| 高倉神社 | 日足坪井 625（現在社） | ① |
| 高倉神社 | 日足神丸 761（旧社地） | ④ |
| 八幡神社 | 日足浦地 340 ／ふる宮さん、ぎおんさん | ⑥ |
| 稲荷神社 | 日足志古宮ノ前 20 | ⑦ |
| 高倉神社 | 日足水谷垣内 1189 | ③ |
| 高倉神社 | 日足水谷垣内 1188 ／相須のお宮、宮の元 | ② |
| 須佐神社 | 田長下田長 60 | ⑩ |
| 金刀比羅神社 | 田長田長 95 | ⑧ |
| 八幡神社 | 能城山本浦地 196 | ⑨ |
| 太上宮神社 | 能城山本浦地 17 | ⑪ |
| 高倉神社 | 椋井里垣内 59 | ⑤ |

旧三津ノ村の神社（『神社明細帳』による）
※　　で網掛けされた神社は、明治39年に日足高倉神社へ合祀

**写真1**　現在の日足高倉神社

意向を他の町村より積極的に汲み取り、「一村一社」に向けて無格社だけでなく村社までかき集めた。

　内務省の指示でまとめられた『東牟婁郡神社明細帳』（国文学研究資料館蔵。以下『神社明細帳』）によれば、明治三十九年に合祀された神社は「八幡神社（大字日足字浦地三四〇番地）」「稲荷神社（日足字志古宮ノ前二〇番地）」「高倉神社（日足字水谷垣内《かいと》一一八九番地）」「高倉神社（日足字水谷垣内一一八八番地）」「須佐神社（大字田長《たなご》字下田長六〇番地）」「金刀比羅《ことひら》神社（田長字田長九五番地）」「八幡神社（大字能城《のき》山本字浦地一九六番地）」「太上宮神社（能城山本字浦地一七番地）」「高倉神社（大字椋井《むくのい》字里垣内五九番地）」の九

社である。三津ノ村大字赤木字宮ノ口四六六番地に鎮座していた赤木高倉神社は神丸への合祀に応じなかった。同地の有力者、浦木家の財力と影響力が発揮されたとみられる。

大金を投じて本殿や拝殿を新築した合祀だったが、十年ほどしか経っていない大正六年（一九一七年）五月の氏子総代会議で神社移転を協議している。大正十年（一九二一年）十二月に県知事に出された「神社移転営繕許可願」はその理由を「地形五十度以上ノ傾斜ヲ有シ従来ハ僅《わずか》ニ二十余坪ノ平坦ナル所ニ於テ祭典ヲ行ヒ来リシガ大祭執行時ノ如キハ二百余ノ学校児童ヲ収容セバ他ノ参拝者ヲ収容スル余地ナク加フルニ祭典執行上狭隘ヲ告ゲ祭祀ノ実ヲ挙クル能《あた》ハズ……」と述べている。[*2]

この申請が認められ、大正十四年五月十日の夜中に現在地への「宮遷《みやうつ》シ」を実施、翌十一日に「遷座祭」が行われた。[*3]

この時も移転造営に多額の経費を要した。神社保有地の処分や篤志家からの寄付があったとはいえ、短期間に二度の出費を賄《まかな》えたのは、三津ノ村が当時、木材や薪炭で潤っていたからではなかろうか。赤木の高倉神社はこの際も移転・合祀の誘いに乗らなかった。

## 二　疑問と推測

以下は、合祀・移転を体験した日足高倉神社への私の疑問と推測である。

### ①なぜ一番地違いの場所に二つ高倉社があったのか?

『神社明細帳』が記す明治三十九年当時の被合祀神社の一覧をみて不思議に思ったのは、三津ノ村大字日足字水谷垣内の一番地違いの所に、それぞれ高倉神社があったことだ。一一八九番地は「村社」で一一八八番地は「無格社」となっているから別の社である。

三津ノ村は明治二十二年（一八八九年）に日足村、椋井村、赤木村、能城山本村、田長村および上長井村の一部の区域で発足した。三津ノ村の発足以前、明治十二年（一八七九年）からの各村の神社を掲載した『神社明細帳』（和歌山県文書館蔵）でも、地番の記載はないものの、日足村字水谷垣内に村社と無格社の二つの高倉神社があったことが明記されている。

日足高倉神社総代長の池上順一氏（昭和二十七年生まれ）に地番を調べてもらうと、一一八八番地は県道四四号沿い、赤木川の水面《みなも》に手が届くような岩場にある無社殿神社の場所だった。地元の人が「相須《あいす》のお宮」とか「宮の元」と呼んでいる社である（地図②、写真2）。

一方、一一八九番地は県道を挟んでその上の急斜地あたりだ。岩場でまっすぐにはのぼれない。現地で出会った上野展夫氏（昭和二十二年生まれ）の先導で、回り道をしてヒノキ林の中に自然石を積み上げた石垣が残る平らな場所にたどり着いた（地図③、写真3）。供物台だろうか、長方形の石もころがっていた。十五メートルほど下に「相須のお宮」の鳥居が見える。反対の山側を見上げると巨大な岩がせり出している。

赤木川沿いの社は山側の社に比べて境内が狭い。それは明治四十年（一九〇七年）に氏子総代が知事あてに提出した「合祀神社跡地立木伐採願」でもわかる。川沿いの高倉神社跡地の境内は一畝《せ》二十五歩（五十五坪）で立木の見積もり高は十五円、上部の高倉神社跡地は四畝二十歩（百四十坪）で百五十五円と記されている。[*4]

ここで育ち、現在は新宮在住の山本格司氏（昭和六年生まれ）は「下のお宮は水に浸かるので上にあげたが神様が下に降りたいとおっしゃった、という話を昔、聞かされた」と語る。確かに「宮の元」はたびたび水没し、灯籠が流されたこともある。だが水害でいったん上にあげた社をまた戻した、というなら合祀の時点で「二つの高倉神社」が併存して

写真2　赤木川に面した「相須のお宮」

写真3　「相須のお宮」上の宮跡

いたのは解せない。しかも今は見捨てられている上の神社が「村社」で、現在のお宮より格上だったとなると二重に不思議だ。

赤木川と熊野川の合流点に位置し、大雨や台風の時によく水害に見舞われる日足は文字通り「浸《ひた》り」やすいところだ。このため家屋より一段高い場所に「上《あ》がり家」という避難小屋を持っている家も少なくない。「二つの高倉神社」のうち、上の神社は大水の時に備えた「上がり社《やしろ》」の役目も果たしていたのではないか。

そこが「村社」だったのは、上部の大岩壁（磐座《いわくら》）を仰ぐとともに、下部の川にも祈りを捧げるもともとの社地だったからだろう。その後、赤木川の水運の興隆に併せて参拝に便利な川岸の社が中心となり、上の社は忘れられていったのではなかろうか。事実「相須のお宮」の場所はアバ（網場＝上流から流した丸太をワイヤーで止め、筏《いかだ》に組む場所）だった。

「宮の元」「相須のお宮」は、合祀前の旧社という意味と、周辺にたくさんあった他の高倉神社と区別するための呼び名だったのだろう。山本氏は「子どものころ、上の場所にはときどき行ったが、参拝した記憶はない。宮の元の祭りは旧暦の霜月（十一月）一日だった。また元旦は暗いうちからお参りに行った。行く道で人に会っても『おめでとう』などと口をきかない。神様より先に挨拶してはいけない、といわれていた」と思い出を語ってくれた。

## ②なぜ無格社だった神丸に神社が集められたのか？

明治三十九年に合祀された九つの神社が集められた日足字神丸に高倉神社と呼ばれた社があったことは間違いあるまい。

それは和歌山県立文書館蔵の『神社明細帳』からうかがえる。『神社明細帳』は書写した時期によって中身が微妙に違うが、文書館蔵は明治十二年からの記帳があるという。日足村神丸にあった高倉神社の項をみると、社格の「無格社」が縦線で消され、「村社」と書き加えられている。合祀以前、神丸に「無格社」高倉神社があったと考えて差し支えあるまい。それがいつ「村社」に列格したかはわからないが、『熊野川町史』で廣本氏が推測しているように、明治三十九年末の合祀を機に「村社」になったのではなかろうか。

もうひとつ、神丸に既存社があったことをうかがわせる話がある。池上順一氏の父の池上淳二郎氏（故人）が熊野川町の民俗調査にあたった藤井弘章氏に語った思い出によれば、高倉神社を神丸から現在地に移転する際、神丸の神様だけ残った。「神丸のお宮は夜になると泣くというので、もう一回迎えに行った。真っ暗になってきて、鉄砲を鳴らして高倉神社まで迎えた。子どものころにこの光景を見たが、気持ち悪かった」[*5]。

池上淳二郎氏は大正十一年三月生まれ。神社の移転は大正十四年五月だから、移転時の

**写真4**　神丸の旧社地から見た風景

記憶とすれば三歳になって間もないころである。もしかしたら、周りの大人からその後にたびたび聞かされた移転の光景が、自身の体験のように思えたのかもしれない。

合祀九社のうち、高倉神社（水谷垣内一一八八番地）、金刀比羅神社を除く大半の神社は「村社」だった。大きな神社や格上の神社に合祀されるのが普通だが、三津ノ村ではなぜ「無格社」に「村社」が集められたのだろうか。

神丸の旧社地を訪ねて、その理由の一端がわかるような気がした。

旧社地は神丸集落の裏手の小高い場所にある。江戸初期に荒れ地から新田を拓いた太地嘉右衛門（「かいもんさん」と崇められている）の墓所のすぐ上だ。旧社地につくられた石段を上ると平地があり、その山手に二段の石組みが築かれている。石組みの上に合祀社殿が建てられたのだろうか。そこには瓶にさした榊が供えられていた。

さきに引用した「神社移転営繕許可願」にあるように、確かに石段上の境内は広くない。しかしそこからの眺めはすばらしい。赤木川、熊野川沿いに広がる水田が一望でき、周囲の山々も見渡せる（地図④、写真4）。しかも小高い場所なので水害の心配もない。

案内してくれた上野氏、池上氏は「三津ノ村の役場はお隣の相須にあった。役場に近いことは他の地区への説得材料になったのではないか」「旧社地は日当たりが良い」「このあたりは台風の時など北西の風が強く、『神丸に家を建てるな』といわれた。でもここは地形的にまともに風を受けない」などと語った。無格社に村社を集めた背景には、そうした事情もあったのではなかろうか。

### ③神様はみんな合祀地に遷座したのか？

この国の神様は融通無碍《ゆうずうむげ》である。勧請に応じてどこへでも遷座し、分祀される。だが、神丸の神様が移転を嫌がったという言い伝えのように、ときに駄々をこねることもある。

明治三十九年の日足高倉神社への合祀のときは、次のような〝事件〟があった。

相須からすこし赤木川をさかのぼったところに椋井高倉神社が鎮座している。お宮のすぐ近くに暮らす峪《さこ》廣美氏（昭和十五年生まれ）は次のように語る。

「合祀のため、椋井のご神体の丸石を神丸に運んでいたときのこと。もうすぐ着くというところで突然、石が唸りだした。これはいけないというわけで、持ち帰った。ここにはそんな言い伝えがあります」

椋井高倉神社は県道の山側、樹齢二百年はあろうかというイチイガシの巨木のもとにある。日足高倉神社宮司の岡本豊氏（昭和十年生まれ）とともに訪れ、峪氏の許可を得て小さな社殿の扉を開け、中を見せてもらった（地図⑤、**写真5**）。

**写真5**　椋井高倉神社の社殿内部

中に丸石が二つ収まっている。向かって右側のほうが形が良く、これが合祀を嫌がったご神体らしい。ほかに少し小さな石や、川原の小石も置かれていた。格子扉なので丸石は外からでも見える。「神様をさらしものにしてはいけない。白い布を張って外から見えなくし、一寸ぐらいの高さの簀子《すのこ》を作り、その上に石を乗せなさい」。岡本氏が峪氏にそんな助言をした。

岡本宮司によれば、神様は唸って自らの気持ちを表わすことがあるそうだ。不快感の表明だけでなく、例えば厳島神社で鳥居を新築したときも唸ったというから、これは喜びの表現だろう。

椋井のご神体を持ち帰った、ということは明治三十九年の九社の合祀をちょっと微妙なものにする。椋井集落の人たちにとって、形の上で合祀されても、自分たちの神様はいつも身近にいらっしゃる、という気持ちだったのかもしれない。

熊野には丸石への信仰があり、あちこちの神社で大小さまざまな丸石を見かける。赤木川流域の高倉神社でも、いまも社殿のない畝畑では石積みの上に丸石がいくつも置かれていた。

このスタイルは南紀に多い矢倉神社でも見ることができる。例えば、ともに本殿のない、すさみ町口和深の矢倉神社、串本町田並の矢倉神社は石組みの上に丸石が鎮座している。矢倉でも高倉でも、もともと無社殿の神社では石組みの上に丸石を置いたり、供物を並べたりすることが少なくなかったのだろう。

### ④赤木川流域の高倉社はいつごろ勧請されたのか？

大岩や大樹、滝といった自然信仰をルーツとする無社殿神社は、その歴史を追跡することが容易ではない。高倉、矢倉神社にもそれはいえる。調べられるとすれば、その名称がどこまでさかのぼれるか、であろう。

日足高倉神社に合祀された社の中で一番古い「物証」を持っているのは日足の八幡神社である。紀州藩の地誌『紀伊続風土記』の牟婁郡三村郷日足村の項に次のようにあるからだ。

〇八幡宮　境内周百八十間

村中にあり　一村の産土《うぶすな》神なり　寛正六年造立の棟札に本願主中上三郎左衛門源光長と書す

寛正六年は一四六五年、室町時代である。この貴重な棟札は日足高倉神社に現存している。現物は文字の判読が困難だが、幸い、天保四年（一八三三年）十一月にその棟札を筆写したものも残る。『続風土記』編纂のための調査にあたっていた仁井田好古（模一郎）らに地元が提出した写しのようだ。それには「上棟八幡大菩薩」として『続風土記』通りの願主名が記されている。

日足の八幡神社は新宮市熊野川行政局（旧熊野川町役場）の裏手を上ったところにある

**写真6**　日足の「ふる宮さん」

（地図⑥、**写真6**）。地元では「ふる宮さん」「ぎおんさん」と呼ばれている。相須の「宮の元」と同様に、合祀前の元宮という意味だろう。

本殿の正面に四枚の木札が下がり、「応神天皇」「須佐男命《すさのをのみこと》」「倉稲魂命《うかのみたまのみこと》」「金山彦命」の神名が書かれている。当時、日足には西重郎左衛門という豪族がいた。今の西家の先祖で、武田源氏の流れをくむと称していたから、源氏の流れを示す八幡神社を勧請した。「ふる宮さん」を調査した木村靖氏はそう推測する。[*6] 八幡神は武運の神で、応神天皇と同一視された。

牛頭天王《ごずてんのう》はインドの祇園精舎の守護神だ。それが日本でスサノヲと習合した。その結果、スサノヲ＝ぎおんさんとなったのだろう。

江戸・天保年間に完成した『続風土記』より六十年も前の記録という『紀州新宮領分見聞

記』では、日足村の八幡宮は「西氏一統の氏神のよし」と記されている。[*7]

「ふる宮さん」の創始が中世にさかのぼるといっても、これは高倉神社の歴史とは別だ。私が調べた限りでは、高倉社についての記録で古いのは、本書第六章第二節で引用した安永五年（一七七六年）四月の大庄屋御用留《ごようどめ》（公用の文書控え簿）である。

それによると、赤木村と長井村・西村・東村でそれぞれ「高倉大明神」を祀っている。いずれも由来はわからず、赤木村の社は「社殿はなく、森の中に小さな棚をかざり、霜月一日に神事祭礼をする」と記されている。現在の赤木と小口の高倉神社はそれらを受け継いだ社といいえよう。

神武伝承によれば、高倉下は熊野に上陸した直後の戦闘で危機に瀕した神日本磐余彦《かむやまといわれびこ》（神武天皇）を、高天原から下された刀剣で救った。

赤木川流域に集中する高倉神社について、私は「自然信仰の場に、近世になって高倉下が勧請され、赤木川流域に広がったのではないか」と推測しているが、なおその検証を続けたい。

## ⑤被合祀社はいま、どうなっているか？

九社のうち日足の八幡神社、志古の稲荷神社（地図⑦、写真7）、日足水谷垣内の高倉神

写真7　志古の稲荷神社

社（相須のお宮）、田長の金刀比羅神社（地図⑧、写真8）、能城山本の八幡神社（地図⑨、写真9）、椋井高倉神社は現存している。また水谷垣内の上の宮跡については すでに述べた。

旧三津ノ村下田長の須佐神社は一九八七年に日足高倉神社から、旧須佐神社の周囲の地主である竹田益規氏に売却された。その場所は国道一六八号の道の駅の近くの小高い場所で、急斜面に石垣の跡があり、白石がたくさん散らばっていた（地図⑩、写真10）。

一方、能城山本の太上宮神社の小字は『神社明細帳』では浦地だが実際は下地のようだ。その跡地は西家の一族、山本西家の裏山にあった（地図⑪、写真11）。

**写真8**　田長の金刀比羅神社

写真9　能城山本の八幡神社

写真10　下田長の須佐神社跡

**写真11**　能城山本の太上宮神社跡

大岩の下に空間があり、そこが祈りの対象のようだ。大岩の前の石積みの右手に明和九年（一七七二年）の灯籠が立っている。そこから小さな石段があり、うえには山の神が祀られているそうだ。石組みの左手には空洞があり、宝暦六年（一七五六年）の灯籠が立つ。

真下に蔵のある古民家がある。たまたま当主の西甚十郎氏（昭和十三年生まれ）に会うことができた。新宮から屋敷の手入れに通っているという。「上の社は『ぎおんさん』と呼び、毎年七月に山本集落の人が集まり、境内でお酒を飲む」そうだ。日足の八幡神社も「ぎおんさん」と呼ばれている。能城山本の「ぎおんさん」も西家一族の氏神だったのかもしれない。

＊1 「三津ノ村の歴史」（『熊野川町史』通史編、二〇〇八年）。
＊2 三津ノ村「社寺宗教」資料（新宮市熊野川行政局蔵）。
＊3 「三津ノ尋常小学校　学校沿革史」（同）。
＊4 注2に同じ。
＊5 『町史研究資料　その十二』（熊野川町教育委員会、二〇〇三年）。
＊6 「日足のふる宮さん」（『熊野川町公民館報』一九七六年十一月号）。
＊7 浜畑栄造著・編集『続熊野の史料』（一九七七年）。

# 第九章

# 最後はロープが頼り——熊野川町奥地の高倉神社

## 一　赤木の高倉神社

前述のように、明治十二年からの記帳がある『東牟婁郡神社明細帳』（和歌山県立文書館蔵）は熊野川の支流である赤木川流域の高倉神社として次の十一社を挙げている。

①東牟婁郡日足《ひたり》村字神丸　高倉神社　社殿桁行三尺　梁行二尺
②同村字水谷垣内《かいと》　高倉神社　社殿無
③同村字水谷垣内　高倉神社　同
④同郡椋井《むくのい》村字里　高倉神社　同
⑤同郡赤木村字宮ノ口　高倉神社　同
⑥同郡上長井村字宮ノ川原　高倉神社　同
⑦同郡大山村字庵《あん》ノ岡　高倉神社　同
⑧同郡鎌塚村字宮ノ平　高倉神社　同
⑨同郡瀧本村字西ノ平　高倉神社　同
⑩同郡畝畑《うねはた》村字仲井内　高倉神社　同

⑪同郡北ノ川村字モチノ木　高倉神社　同

日足村神丸の高倉神社以外は社殿がない。このうち①～④は日足高倉神社をめぐる考察（第八章）で触れたので、本章では⑤以下の高倉社について述べてみたい。なお、日足村、椋井村、赤木村、上長井村などは明治二十二年（一八八九年）の町村合併で三津ノ村になった。

私は二〇一二年七月四日、『熊野川町史』編纂にたずさわった奥村隼郎氏と、赤木川とその支流域の高倉社を訪ねて回った。また⑦から⑩は二〇一六年二月十六日に再訪した。⑪の訪問記はこの章の最後に載せる。

赤木高倉神社は新宮市熊野川町赤木に鎮座する（写真1）。赤木川沿いを走る県道四四号と赤木川の間に位置し、境内に大杉が林立している。一九九六年に改修された割り拝殿の奥、川を背にして小ぶりだが造りのよい本殿が建つ。本殿は昭和三十一年（一九五六年）に改修したという。

改修の寄付者として浦木清十郎の名が墨書されている。浦木家は山林地主として名をはせた地元の旧家だ。明治時代、三津ノ村の神社合祀に赤木地区が反対し、そこの高倉神社

赤木川流域の高倉神社

が合祀をまぬがれた背景に、浦木家の力があった。
本殿の祭神はもちろん高倉下命だが、本殿左手の社殿に若宮神と山ノ神が祀られている。本殿脇には文化十四年（一八一七年）と文政十一年（一八二八年）の石灯籠が立ち、前者は浦木清太夫の寄進と彫られていた。

写真1　赤木高倉神社

現在の神社は旧社地から遷《うつ》された。『新編　和歌山県神社誌』（和歌山県神社庁、二〇一〇年）は「当社は昔（二、三〇〇年前）赤木の西側の山林の中腹に祀られていたのを現在地に遷したとの古老の話あり、現在も当時の元宮としての跡が残っている。いつ頃現在地に移転されたかは不詳である」と記している。

紀州藩の地誌『紀伊続風土記』に赤木川流域の高倉社の名は出てこない。④から⑪の村々は『紀伊続風土記』では牟婁郡小口川郷に属している。小口川郷の説明の箇所で「諸村に社なく木を神体として某森と唱《とな》ふる所多し」と記すだけだ。同書は文化三年（一八〇六年）の着手から天保十年（一八三九年）の完成まで、中断期をはさんで三十三年もの年月をかけた。仁井田好古ら編纂担当者は天保三年から五年にかけて三回、熊野地方を見聞している。[*1] しかし、赤木川上流流域までは現地調査しなかったのかもしれない。

熊野川から赤木川にかけての地域で『続風土記』が言及する神社は、牟婁郡三村郷山本村（小祠一社）、同郷能城村（小祠一社）、同郷日足村（八幡宮）、牟婁郡小口川郷椋井村（小祠一社）、同郷赤木村（小祠一社）、同郷畝畑村（小祠一社）である。

赤木の「小祠」が高倉社だろうことは、第六章第二節で紹介した安永五年（一七七六年）四月の大庄屋御用留《おおじょうやごようどめ》から推測できる。そこには地元の人たちが高倉大明神を祀っていたことが報告されている。その一部を再掲する。

紀伊国牟楼郡大山組赤木村
一高倉大明神　　東向
　　饒速日ノ尊《にぎはやひのみこと》
　　高倉下命
　　天御中主尊《あめのみなかぬしのみこと》

右一社鎮座時代何れの時と申す儀、旧記・伝来等も御座《ござ》無く相知り申さず候。往古より宮無く御座候。高々たる森のその中に神代の小棚をかざり、かつ正風《しょうふう》を祈るのみにて外事《ほかのこと》無し。毎年霜月朔日《ついたち》、神事祭礼古例あって産子《うぶこ》中より相整え、尤《もっと》も御饌米、御神酒ささげ申し候。古来より社職・官人御座無く、勿論《もちろん》、社料（領）等も御座無く候。掃除人一人御座候、而《しかして》怠惰無く掃除仕《つかえ》来り申し候。当社に就《ついて》は何等の相替る義、御座無く候。以上

安永五年の御用留には、同じ大山組に属する長井村・西村・東村（現新宮市熊野川町上長井）にも高倉大明神が鎮座していたことが記されている。またこれも大山組に所属する大山村には「空神《そらがみ》一社」が祀られていたという。赤木村の高倉大明神と大山村の空神一社は「いつごろ鎮座したのか不明」「森の中に小さい棚（礼拝所）を設けるだけで社殿はない」「社領はなく、神職もいない」「毎年十一月（旧暦）一日に氏子で祭礼を行う」などほぼ同じ内容の上申がなされている。

この御用留記録によって、少なくとも赤木川流域の二か所には江戸中期に高倉下を祀る社があったことがわかる。「高々たる森の中に拝所がある」という表現は、赤木村の高倉大明神がもともと樹木信仰の場所であったことをうかがわせる。

二〇一五年九月十七日、私は地元の川口正氏（昭和六年生まれ）に案内していただき、赤木高倉神社の旧社地（高倉大明神）を訪れた。

熊野川町日足地区から県道四四号を小口方向に進み、赤木高倉神社の手前に架かる橋のたもとから右に折れて小道を上る。県道から百メートルほどの高さだろうか、眼下に赤木川と高倉神社の森が見える。そこに車を置き、急斜面を上った。墓地を抜けると稲荷の鳥居が建っている。杉林の中をさらについて行くと、川口さんが「ここだここだ」と声を上げた。

側面を鋭い刃物で切断したような大岩が二つ、斜めに重なり合っている。その間にできた三角形の空間が聖地だろう。二段に石組みがされ、上段には丸石が置かれている（写真2）。大岩の手前の平地に通じる石段やその両脇の石垣もなかなか立派で、信仰の深さや広さをうかがわせる。大岩の右手には石組みの祠がつくられ、中に長方形の石が納められていた。山の神かもしれない。

ここから現在地への移転の時期は定かではないが、前述の大庄屋御用留の中の「高々たる森の中に小棚をかざり」というのは旧社地の描写だろうから、移転は安永五年（一七七六年）以降だろう。川口氏は「若いころ『ここに元の高倉社があった』と聞かされた」と

写真2　赤木高倉神社の旧社地

話す。

旧社地の周辺の斜面には昭和三十年代の初めまで四軒ほどの家があったという。茶碗や農機具の破片などが散乱していた。

現在の赤木高倉神社の拝殿には、昭和三十一年（一九五六年）に社殿を整備したという棟札が掛かっている。川口氏によれば、それ以前は祭りの道具を置いたり、神職が着替えしたりする小屋があった程度で、石組みの上に石が三つ四つ並べてあったそうだ。当初は現在地も無社殿だったわけだ。並んだ石は高倉大明神の祭神だったニギハヤヒ、タカクラジ、アメノミナカヌシを表わしたご神体だろうか。

## 二　小口の高倉神社

小口高倉神社は赤木川の上流、ふたつの川の中洲に位置する（写真3）。現在の住所は熊野川町上長井字小口である。白い鳥居をくぐると、割り拝殿の奥に本殿がある。訪ねた時、裏手の川にアユ釣りの人がいた。隣にある「小口自然の家」は近年、本宮や熊野古道を訪れる外国人に人気だという。

境内には、さまざまな形の石灯籠が立っている。元文元年（一七三六年）、文政六年（一八二三年）、安政二年（一八五五年）など江戸中期後期の建立である。宝暦六年（一七五六年）の年号が彫られた立派な石祠《せきし》も残っている。

安永五年の御用留によれば、当時は長井村・西村・東村共通の氏神だった。『続風土記』には牟婁郡小口川郷に長井村、西村、東村があり、長井村の中に「小口」の小名《こな》がみえる。三村はもともと赤木村に属していたが、元禄以降に分かれた。小口高倉神社に並ぶ石灯籠には「三カ村中」「東村」などと彫られたものもあり、元の村々から集められたことを物語る。

御用留に記された高倉大明神は、赤木村と同じ饒速日尊、高倉下命、天御中主尊を祭神としている。鎮座の時期は不明、神主はいない、祭礼は氏子で執り行う、掃除はちゃんとしている、などの報告内容は共通しているが、「森の中にある」という表現はない。

これは旧社地が、現在地の近く「岩の鼻」にあったためであろう。そこにあった神社は昔の洪水で流され、現在地に祀られるようになったそうだ。

**写真3**　小口高倉神社

「岩の鼻」は赤木川の支流である東川と西川（滝本川）の合流点に架かる渡月橋のたもとにある（**写真4**）。川に向かって突き出た岩場だ。

そこに昭和二十八年（一九五三年）の水害の碑が建っていた。六百八十一ミリの降水量で川の水位が五・一メートル上昇した、とある。「岩の鼻」では明治の半ばまでここで次に述べるような風変わりな祭りが行われていたから、現在地への遷座は明治中盤以降だ。

旧社地では旧暦十一月一日の祭礼日に神事が催された。川の両岸の氏子同士が手ごろな棒切れに火を

写真4　「岩の鼻」と呼ばれる小口高倉神社の旧社地

つけ、互いに悪口を言い合いながら、向こう岸に投げつける「御火の神事」である。『和歌山縣神社誌』によれば「身清浄なる者には火事木は当らず、身穢れある者には当って負傷することがあるといわれている」。

私はそのくだりに、奈良県明日香村の甘樫坐《あまかしにます》神社の盟神探湯《くがたち》神事を思い出した。第十九代の允恭《いんぎょう》天皇の時代、自分の氏姓を偽ってより高い氏を名乗る輩が多かったので、甘樫の丘のふもとで煮えたぎる大鍋に手を入れさせ正邪を糾《ただ》した、という言い伝えだ。『日本書紀』は「正しいものは何事もなく、偽った者は傷ついた。以後、偽る者はいなくなった」と記している。

「御火の神事」では、数時間の合戦後に双方が和睦し、神酒を交わしてお開きになる。明治初年にすたれ、明治二十三年（一八九〇年）に当時の村長が再興したものの、二、三年しか続かなかったそうだ。

旧社は『神社明細帳』に載っている東牟婁郡上長井村字宮ノ川原に鎮座する村社・高倉神社であろう。社殿はなく、氏子は九十六戸とある。明治四十年（一九〇七年）十月三十一日、同社に大山、鎌塚、瀧本、畝畑、北ノ川の高倉神社がそれぞれ合祀されたことも『神社明細帳』に記されている。

## 三　大山の高倉神社

小口の南東、赤木川支流の東川上流にある集落の小高いところと聞いていた。最初に訪れた時は雨の中、探すのにやや手間取った。車道から山に入る長い石段を上った所に木の鳥居が建っている。その先の平地の上は古墳のような頂だ。正面に石垣が築かれ、二十段ほどのきれいな石段が延びている（写真5）。

石段の上下に二基ずつの石灯籠、下に小さな石碑が立つ。灯籠は安政三年（一八五六年）、願主中村宗右衛門、石碑には「奉納御神前石橋　安政五年十一月　願主　東　中邑《むら》宗右衛

写真5　大山高倉神社

門知実」と刻まれている。当時の東村の有力者だった同じ人物であろう。

石段の上は、正面中央に供物台らしい平らな石が置かれているだけで社殿はない。大杉の元には苔むした大木の根が残っている。それがカミの宿るご神体だったのかもしれない。

前述の安永五年四月の御用留で、大山村の氏神は次のように記されている。

一空神一社　東向
　大山積之神
　空津彦之神
　大雷之神

オオヤマツミは大山津見、大山祇などの字もあてる、山を司る神である。天孫降臨したニニギノミコトは大山津見神の娘コノハナノサクヤビメと結ばれる。ソラツヒコ、オオイカヅチと併せ、自然信仰の神々である。「往古より社御座無く候。ただ深々たる森中に神代の小棚を餝《かざ》り唯《ただ》拝するのみに御座候」という大山村肝煎《きもいり》と庄屋の上申は、この社の性格を物語る。

熊野の無社殿神社では「空神を祀る」という記述や言い伝えが少なくない。『続風土記』牟妻郡三前郷洞尾《うつお》村の宝大神森《たからおおかみのもり》は「空神を祭るといふ」と記されている（洞尾の地名と同社については第二章第二節参照）。また三重県熊野市育生町にある三百メートルの大岩壁・大丹倉《おおにくら》の頂上に高倉剣大明神《たかくらつるぎ》が祀られているが、地元の人は「空神さん」と呼んでいる。[*2]

## 四　鎌塚の高倉神社

小口に戻り、今度はこれも赤木川の支流である滝本川沿いの県道四四号を奥へと進んだ。上流の鎌塚、滝本に高倉神社がある。この道は峠を越えて那智勝浦町に通じる。

鎌塚高倉神社は集落の入口の道脇にあった。「高倉神社」と書かれた鳥居の奥に三つの

写真6　鎌塚高倉神社

写真7　菊の紋章が彫られた鎌塚高倉神社の灯籠

石組みがつくられている。中央が高倉下命、向かって右は金毘羅神、左は地主神を祀るという（写真6）。中央の一段高い石組みの上に、コンクリート台に乗った、さほど古くない木製の小社殿が置かれている。社殿などつくらない方が風情があるのに、と思った。

三つ石組みの両側に文政九年（一八二六年）の石灯籠が立つ。向かって右手の灯籠には十六弁の菊の紋章が彫られている（写真7）。惟喬親王《これたか》（第五十五代文徳天皇の皇子）を祖とする木地師《きじし》、もしくは南朝関係者が奉納したものだろうか。鳥居の脇に、これも文政年間の六角形の手水鉢《ちょうずばち》があった。

## 五　滝本の高倉神社

鎌塚から曲がりくねった県道を上ったり下ったりすると滝本集落に至る。道脇のコンクリートの階段を上がり参道の石段を進んだ。崩れた鳥居の先は結構広い平地だった。その一角の奥に三つの石組みがあった。ここも無社殿神社だ（写真8）。拝所に石組みが横に並ぶという形は、鎌塚や滝本、川筋は異なるが畝畑の高倉神社も同じ。この地域の自然信仰の形式のようである。

滝本の真ん中の石組みは、鎌塚と同様に左右より一段高い。中央の石の上にカップ酒と蜜柑が供えられ、周囲はきれいに掃除されていた。集落の人たちが大事に守ってきたのだろう。石組みに向って右に文政七年（一八二四年）の石灯籠、左に文政九年の普請を記念する石碑があった。

滝本の高倉社で興味深いのはそれぞれの石組みに彫り物がされていることだ。高坏《たかつき》型の

写真8　滝本高倉神社

写真9　滝本高倉神社の石組みの彫り物

器には宝珠《ほうじゅ》にもみえる供え物が三つ載せられ、壺型の器には榊《さかき》だろうか植物が描かれている（写真9）。

石組みの背後は小丘になっている。中央の石組みの裏手にクスノキがみえた。高倉下を祭神とする前は、樹木信仰の場だったのではなかろうか。

## 六　畝畑の高倉神社

赤木川とその支流の流域にたくさんある高倉神社の中で印象深いのが畝畑の高倉神社である。

畝畑地区は熊野川町の一番奥に位置する。数軒の家の周辺で神社らしきところを探したがわからない。困っていると、男の人に会い、神社に向かう道端まで案内してくれた。わからないはずだ。高倉神社は「県道から和田川のほとりまで細い道を下り、川原をしばらく歩いて、小さな橋の手前で、橋を渡らずに右手に上がったところにある」と教えてくれた。

その通りに川原を百メートルほど歩くと、右手に石段があった。道からいったん川原に出るというのは、参拝前に水流で禊《みそぎ》をするという意味があるのだろうか。

写真10　畝畑高倉神社

長い石段の上は、川音が聞こえる平地になっている。その奥に横一列に大小七つの石組みが並ぶ。中央部にほかより高い石組が二つ、その間にやや低い石組みが二つつくられている（写真10）。高い石組みの上にはいくつもの丸石が置かれ、丸石の間に立てられた榊には小さな「茅《ち》の輪」が飾られている。一番右手の石組みの上には「陽石」風の縦長の石が置かれていた。ここは山の神の拝所だったようだ。

真ん中ふたつの石組みの上にはブリキをかぶせた木材が積まれている。祭りに使った部材だろうか。畝畑の高倉神社には石灯籠は見当たらず、明治十三年（一八八〇年）の手水鉢があるだけだった。

和歌山県立文書館蔵の『神社明細帳』には、畝畑村の神社として次のように書かれている。

村社　高倉神社
祭神　高倉下尊
由緒　不詳　明治六年四月村社ニ列ス
社殿　無之
境内　八百十八坪（後で千四百八十五坪と書き換えられている）
氏子　五十一戸

境内は広く、明治時代は氏子も結構いたことがわかる。『紀伊続風土記』の小口川郷畝畑村の項には「小祠一社」とあるだけだが、これが高倉神社になったのだろうか。

先に述べたように赤木川流域の高倉神社の初出は安永五年（一七七六年）の大庄屋御用留である。その史料で江戸中期に赤木村と長井村・西村・東村で高倉大明神が祀られていたことがわかる。大山、鎌塚、滝本、畝畑などより奥地の高倉神社は、赤木などの後、もともと自然信仰の場に「高倉下」が新たな祭神として勧請されたと思われる。

ここを最初に訪れた日は雨模様だったが、夕刻、畝畑まできたとき雨が止み、神域に陽光が差し込む幻想的な光景に出合った。和田川の川面がきらきら光り、カミの存在を感じさせた。

## 七　北ノ川の高倉神社

『神社明細帳』は東牟婁郡北ノ川村字モチノ木に高倉下を祭神とする無社殿の村社があり、八戸の氏子がいると記す。一方、『紀伊続風土記』の小口川郷北ノ川村の項には「永昌庵」という末寺の名はあるが、神社の記載はない。

モチノ木は現在無住だが、そこに高倉神社の跡が残っている。そう教えてくれたのは新宮在住の須川市朗氏（昭和八年生まれ）である。清和天皇の流れをくむという須川家は幕末ごろモチノ木に移住し、明治初年に須川姓に改称した。父・竹吉がモチノ木生まれという市朗氏は、子どものころ、父親に連れられてよく現地を訪れた。

モチノ木に至る山道はかなり険しいとのこと。幸い畝畑に住み、企業の持ち山の管理をしている野尻皇紀氏（昭和二十六年生まれ）が案内してくれることになった。

二〇一五年十月二十九日、私は須川氏、熊野川町日足在住の池上順一氏らとモチノ木に向かった。

日足から和田川沿いを畝畑に通じる県道は狭く、尖った小石が道路上に転がっている。畝畑では人が住んでいるのは二軒だけで、その一軒が集落の一番奥の野尻家である。

野尻家から車を十分ほど走らせた中平《なかだいら》で下車。そこから徒歩だ。まず和田川に架かる小さな吊り橋を渡る。「両端は腐っているかもしれないから、鉄が下に入っている真ん中を歩いて」と野尻氏。そこからは左下に北ノ川を眺める山道である。丸木を並べた橋が腐って通れないというので、上部の斜面を進んだ。足を踏み外せば下の川まで滑ってしまいそう。危険箇所には彼が事前にロープを張ってくれていたが、山歩きに慣れない私は怖かった。

「ロープにぶら下がってはダメ、それに頼りすぎないように」と野尻氏から声がかかる。でも、傾斜地は砕石が堆積した「ガレ場」で足元は危うく、つかまれそうな木々もない。

休み休み進むこと二時間余り、ようやくモチノ木にたどり着いた。各所に石垣が残り、人家がいくつもあったことを示す。川に向かって段々畑の跡もうかがえる。ひときわ立派な石垣をもつ場所が須川家の跡だった。大きな家の屋根がつぶれている。一九八〇年ごろまで山仕事の人たちが使っていたという（写真11）。

川原に降りて弁当を食べた。須川氏が古い褒状《ほうじょう》を見せてくれた。昭和四年（一九二九

写真11　須川家の跡

年）に、父親が杉や檜五百五十本を上長井の高倉神社に寄付したことへの礼状である。北ノ川の高倉神社は、大山・鎌塚・瀧本・畝畑の高倉神社とともに明治四十年に上長井村の高倉神社（現小口高倉神社）へ合祀された。それで上長井の社の管理者から賞状をもらったわけだ。須川家は市朗氏の父が色川（現那智勝浦町色川）に移るまで、モチノ木一帯の山林を保有していた。

流れの緩やかな場所の石の上を慎重に歩いて対岸に渡り、杉林の中を少し登ると、斜面に石垣と一対の石灯籠が現れた。高倉神社である（写真12）。四角い石を二段に積んだ基壇の上に、明治十二年（一八七九年）の灯籠が左右に立ち、正面には切石が積み重なっている。その上部の石は無造作

写真12　北ノ川高倉神社

に置かれているから、他の場所にあったのかもしれない。

石灯籠には「政和、弥吉、須川菊次良」と願主の名が刻まれている。正面に積まれた石のひとつには「明治二十一年　戊子《つちのえね》十月　モチノキ中　世話人　村上菊次郎」とある。当代に村上から須川氏によれば、須川菊次良と村上菊次郎は同一人物で、須川氏の曾祖父。須川に改姓したため、ふたつの姓を名乗ったのではないか、とのことだった。

神社跡の周囲には、苔むした巨大な切り株が各所に残る。石組みの背後の斜面にも切り株がある。北ノ川の高倉神社も大木を崇めていたのであろう。

＊1　笠原正夫『近世熊野の民衆と地域社会』（清文堂出版、二〇一五年）。見聞者一行は天保四年十一月に本宮大社を訪れ、川船で新宮に向かった。
＊2　三重県教育委員会の『牟婁地区山村習俗調査報告書』（一九七一年）には「ソラ神という言葉も東熊野では漁村でも山村でもしばしば耳にした。この場合は天狗のような、あるいは山ノ神のような高い山を棲家とする神様のことであった、また、祠などのない岩石や大木を依代《よりしろ》とする神でもあった」とある。

第十章

# 悠久の自然への畏怖

## ——無社殿神社の祭り

## 一　巨岩信仰

社殿を持たない、または「建ててはいけない」禁忌《きんき》があるのは矢倉・高倉神社に限らない。熊野には、ほかにも大岩や大樹などを崇拝する無社殿の祈りの場がたくさんある。そのうち私が見学したいくつかの祭りを紹介したい。

### 花の窟（三重県熊野市有馬町）

イザナミノミコトの墓所、と言い伝えられてきた花の窟《いわや》で、毎年二月二日と十月二日に催される「お綱掛け」は有名だ。入口にお綱茶屋ができたこともあって、観光客が増えた。神事は午前十時ごろから始まる。お祓いを受けた上り子が七里御浜《しちりみはま》に面した高さ五十メートルの巨岩（これがご神体）の頂上に登り、上から「お綱」を垂らす。それを参拝者たちが引っ張る（写真1）。「お綱」に触ると幸運があるという。

「お綱」には季節の花をつけた三本の縄幡《なわはた》が下げられ、綱の端は境内の柱に固定される。「お綱掛け」を終えた後、巨岩の前で女児の舞が奉納され、餅撒きで終了である。その単純さが古代の香りを漂わせて、見る者を惹《ひ》きつける。

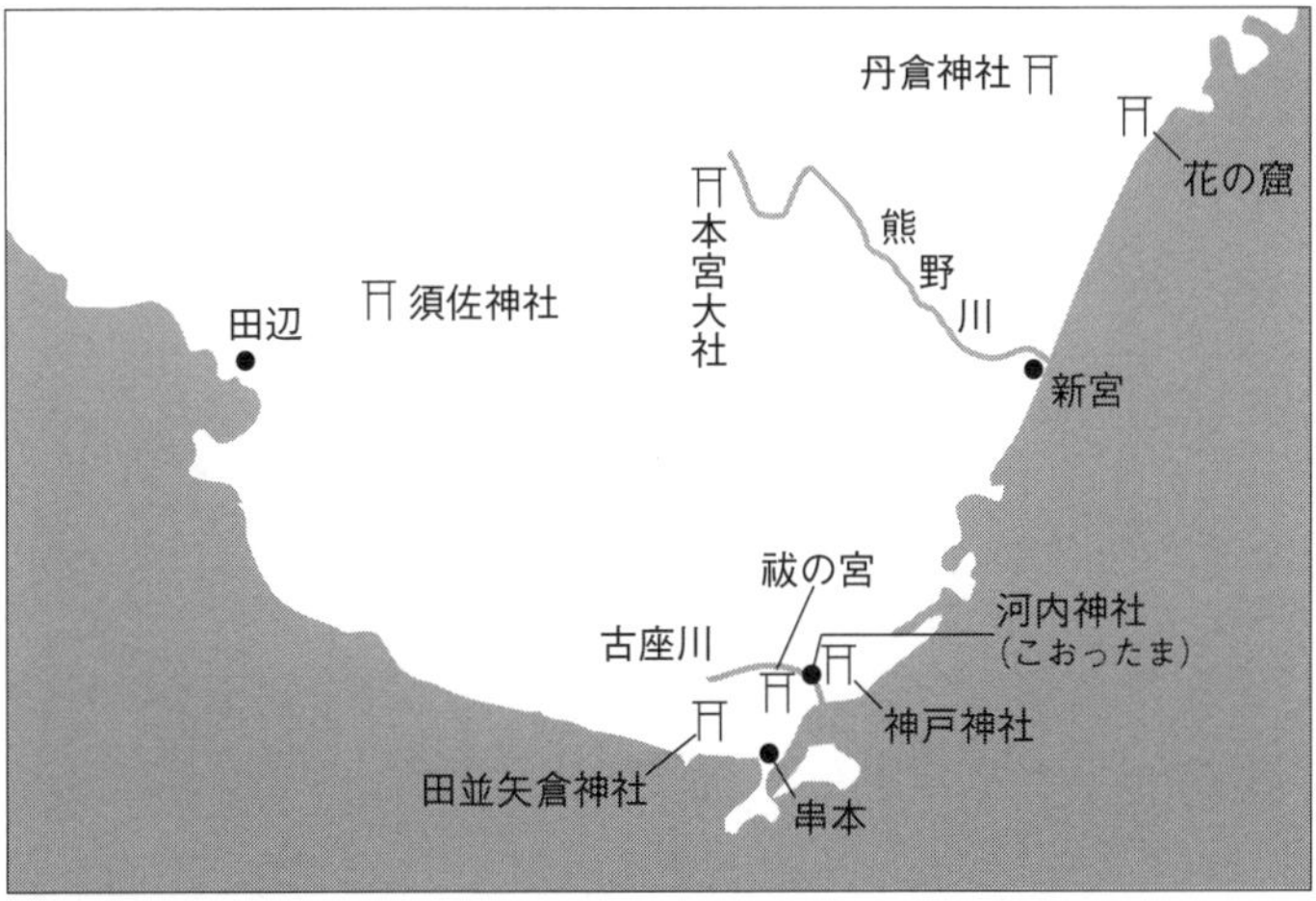


夫イザナキノミコトと一緒に国や神々を生んだイザナミは、火の神カグツチを産んだときの火傷《やけど》で死んでしまう。『日本書紀』の一書《あるふみ》はこの女神が紀伊国《きのくに》の熊野の有馬村《ありまのむら》に葬られた、と記す。

「お綱掛け」は「土俗《くにひと》、此《こ》の神の魂《みたま》を祭るには、花の時には亦《また》花を以《も》て祭る。又鼓吹《つづみふえ》幡旗《はた》を用《も》て、歌ひ舞ひて祭る」とする『日本書紀』の記述に沿った神事という。

だからといって、この祭りの起源が『日本書紀』の時代までさかのぼれるわけではない。私は「お綱掛け」は近世に始まった神事だと思う[*1]。

しかし、花の窟と呼ばれる巨岩への信仰はかなり古いであろう。その始まりは、縄文・弥生の昔、黒潮にのってこの地にたどり着き、定住

写真1　花の窟のお綱掛け

した海の民の感謝の祈りだったのではなかろうか。

海に突き出た部分を「鼻」という。花の窟は海上から目印になる鼻の窟でもあった。ちっぽけな舟で沖に出過ぎると黒潮に流されてしまう。漁撈《ぎょろう》に生きる古代人は陸上の二つの目標物が海上からどう見えるかによって自分の舟の位置を確認した。そんな位置確認法を山あて（山たて）という。

花の窟の沖合はダイハナと呼ばれた良い漁場だった。命を守り、豊漁をもたらしてくれる巨岩は祈りの対象になっていった。

そこは水葬の場所だったという説もある。平安時代中期にそこを訪れた僧で歌人でもあった増基は「岩に穴をあけ経文を籠めてある。苔に埋もれた卒塔婆《そとば》もある」と記している。海の民の報賽《ほうさい》（お礼参り）の場が葬所や仏教の霊場になっていたのだろう。花の窟がイザナミと結び付けて語られるのは中世からだ。永享《えいきょう》二年（一四三〇年）に書写したことを示す奥書のついた『熊野山略記』という文書には「カグツチを産んで世を去ったイザナミの霊魂が大般涅槃岩屋《だいはんねはんいわや》（花の窟のこと）にある」と書かれている。だが、『熊野山略記』はそこがイザナミの墓所だとは言っていない。

伊勢と熊野三山を結ぶ伊勢路の旅日記などを調べると、花の窟＝イザナミの墓所という認識が定着したのは江戸時代になってからのようだ。その観念と、仏教に対する神道や社家の「巻き返し」が相まって、『日本書紀』の光景を再現させる祭りが行われるようになったのではなかろうか。

「お綱掛け」は二月と十月にある。前者を豊作祈願の予祝、十月は収穫の感謝とすると、これは農業とりわけ稲作と深く絡んだ祭りと考えられる。有馬あたりは弥生時代の土器や石庖丁《いしぼうちょう》が出土するなど、早くから稲作が行われていた。

豊作をカミに感謝して、季節の花を掲げ、鳴り物や歌舞で祝う風変わりな祭りの噂が、遠く飛鳥の都まで届き、イザナミ・カグツチ神話と合体して『日本書紀』の一節になった――。上部が人面にも似た巨岩の下の素朴な祈りに、私はそんな思いを抱いた。

## 丹倉神社（熊野市育生町）

太古の火山活動が残した巨石や巨岩がそこここにある熊野は磐座《いわくら》信仰のメッカである。カミがそこに降臨し宿る巨岩のなかで、その迫力に圧倒されるのは、山間部に鎮座する丹《あか》倉《くら》神社だ。

高さ三百メートルもの大岩塊・大丹倉《おおにぐら》の近くと聞いて最初に訪れたときは、すぐには探せず、軽トラで通りかかった人に教えてもらった。それもそのはず、大丹倉の頂上部に通じる細い道から急な石段を下ったところに球形の巨岩がデンと構えていた。

『熊野市史』によると、寛延三年（一七五〇年）に木本浦《きのもとうら》（熊野市の海岸部）の人が湯立《ゆたて》釜《がま》を寄進したというから、信仰は古く広範囲にわたっていた。

巨岩の上には樹木が林立しており、その下部は削ったものかすこしくびれている。そこに石組みがあり、脇に天保十年（一八三九年）の石灯籠が立っている。社殿のない、典型的な自然信仰の場である。

二〇一〇年十一月七日の祭礼は印象的だった。以前は二十軒もあった丹倉地区は住む人も数人になって、祭りも途絶えていた。それを地元でアマゴ養殖をしている中平孝之氏が復活させた。

祭礼当日、地元出身、九十二歳の田岡久穂氏が宮司役を務め、祝詞《のりと》をあげた。「戦後、復員した人たちなどで人数の多かったころが一番賑やかだった。普段飲めない酒が飲めてうれしかった」と話す。

以前は巨岩の下に八幡社や稲荷社の小祠があったそうだが、いまはなく、本来の無社殿に戻っている。「ここの神様は天狗の荒神様なので、妙なものは置けないんだ」と田岡氏が解説してくれた。

**写真1**　丹倉神社の例祭で舞う

祝詞に続いて奈良から駆けつけた女性が浦安の舞を奉納した。七十人の見学者がびっくりしたのはその後である。同じ女性が巫女《みこ》の服装から、肌が透けて見える白いブラウス、赤いスカート姿で再登場し、鬼城《きじょう》太鼓に合わせて激しく踊った（**写真2**）。岩屋に籠ったアマテラスを誘い出そうとしたアメノウズメを想起させるような官能的な踊りは、古式豊かな祈りの場に不思議にマッチした。

## 二　大樹を崇める

### 田並の矢倉神社（和歌山県東牟婁郡串本町）

紀伊半島を外周する国道四二号から別れ、田並川を二、三キロ上流に向かい、さらに川から山側に少し入る。樹齢五百年といわれる杉の大木の下に矢倉神社がある。社殿はなく、スダジイ、タブノキなど暖地性の木が茂る斜面に向けて簡素な石組みが築かれているだけだ。石組みの両脇に寛政四年（一七九二年）と明治二十年（一八八七年）の石灯籠が立っている。石組みの上に丸石が置かれているのも、よく見かける風景である。

私が訪ねた二〇一二年の祭りは十一月八日だった。石組みの上に御幣が飾られ、小さな境内は掃き清められていた。

午前八時、二十人ほどのお年寄りが集合、例祭が始まった（写真3）。串本町の天満神社の神職が祝詞をあげたあと、湯立て神事をとりおこなった。熱湯に浸した笹の葉を、低頭した人たちの頭上で振る。笹は参加者に一本ずつ配られ、家の玄関に貼り付けて無病息災のお守りにする。儀式らしい儀式はそれでおしまい。いかにも簡素な祈りである。

写真3　田並矢倉神社の例祭

神事のあと、近くのお宅で「矢倉大明神」と書いた古い幡《のぼり》を見せてもらった。木箱には弘化二年（一八四五年）の年号がある。江戸後期、南紀一帯の矢倉神社は矢倉大明神とか矢倉明神森とか呼ばれていた。

ここの矢倉神社は明治十年（一八七七年）に同じ田並にある天満神社に合祀された。神様はいったん、よそに遷座し、また氏子の元に戻ってきたわけだ。

矢倉神社は、山一つ越えた奥の三尾川《みとがわ》（現古座川町三尾川）と海辺を結ぶ街道筋にある。昭和十八年生まれの阪田洋好氏は「昔、流行病《はやりやまい》がひろがったとき、三尾川から ここの大杉に天狗が天降り、病がおさまった。それを感謝して社をつくった。子どものころ、そう聞きました」という。

矢倉社や高倉社のなかには、そこに祀られているカミについて「天狗」「空神《そらがみ》」「猿田彦」などと言い伝えられてきた例がある。天に伸びる大木には空神や天狗が降下すると信じられた。天孫降臨のニニギノミコトを道案内したと神話が語る猿田彦は長身で鼻が大きかった。どこかで天狗と合体したのだろう。

病を治す。雨を降らしてくれる。昔も今も、人びとはカミに悩みの解決を頼んだ。「子どものころ、旱《ひでり》のときに、大人たちがこのお宮さんに集まり般若心経《はんにゃしんぎょう》を唱えた。すると不思議と雨が降ってきました」。祭りに参列したおばあさんはこう話した。

**祓の宮**（和歌山県東牟婁郡古座川町）

串本町の隣、古座川町を流れる古座川を河口から四キロほどさかのぼった月野瀬地区の右岸に祓神社《はらえ》がある（四十九頁の写真参照）。地元の人は祓《はらい》の宮と呼ぶ。紀州藩が編纂した地誌『紀伊続風土記』は「秡明神森　一丈廻りの櫟木を神体として祭る　古《いにしえ》より社なし」と記す。

櫟《くぬぎ》は古来「イチイ」とも読まれていた。古座川に接する祓の宮は、石段を上った平地に石組みがあるだけの無社殿神社で、石組みの奥にはイチイガシの大木がそびえている。『続風土記』のいう櫟木はイチイガシのことであろう。熊野権現が大斎原《おおゆのはら》（本宮大社旧社地。

**写真4**　祓の宮の例祭に氏子は小舟で

熊野川の中洲）に立つその梢《こずえ》に降臨したと言い伝えられる熊野の聖木である。

私が訪ねた二〇一二年は十一月二十五日が例祭日だった。お宮には人家のある対岸から小舟で渡る（**写真4**）。このあたりの古座川は水深があり「祓の瀬」と呼ばれている。熊野から奥駈道《おくがけみち》を大峯山《おおみねさん》に向かう修験者たちはここで身を清めて出立したという。

享保十一年（一七二六年）の石灯籠が立つ階段下の狭い平地に地元のお年寄りらが集まっている。神職も船で到着して、午前十時、太鼓の音を合図に神事が始まった。ここもいたく簡素で、祝詞など二十分ほどで終了。あとは焚火を囲んでの宴会、輪になっての踊りとなった。

私もサンマ寿司、膾《なます》、そしてシトギモチをいただいた。シトギは水につけておいた米をすり鉢で粉にしたもの。それをアルミの小皿に入れて焚火で焼く。初めて食べたシトギモチは、ほんのり甘くて、おいしかった。

祓の宮は明治後期、和歌山県に吹き荒れた神社合祀の波にのまれず、そのまま残った。このあたりでは一番古く、初代紀州藩主徳川頼宣《よりのぶ》（家康の十男）も参拝したというから、むげに合祀できなかったのだろう。

## 三　寄り来る神を迎える

### 河内神社（和歌山県東牟婁郡古座川町）

古座川の河口付近で例年七月二十四日（宵宮）と二十五日（本祭）にとりおこなわれてきた河内《こうち》祭[*2]も、私が好きな祭りである。二〇〇九年と二〇一二年は現地の旅館に泊まり、河口に鎮座する古座神社での神事から、御船の夜籠り神事、櫂伝馬《かいでんま》競漕、獅子舞奉納など盛りだくさんな催しを見学した。

祭りの中心舞台となる河内神社は、河口から三キロほど上流にある小島である。その小島が河内様（地元では「こおったま」と呼ぶ）、すなわちご神体で、社殿はない（四十九頁の

写真5　河内祭の御船

写真参照）。古座神社で神額に移された神霊は、華麗な装飾を施された御船に乗せられて「こおったま」に向かう。御船は三隻だったが、今は二隻になった。古座は昔、沿岸捕鯨で栄えた。鯨船を花柄や幟《のぼり》で飾った御船が古座川をゆっくりさかのぼる光景は優雅だ（写真5）。

日没後、提灯に灯をともした御船が河内様を廻る夜籠り神事は幻想的である。船内から御舟謡《みふねうた》の調べが岸辺に届き、提灯の灯りが川面にはえる。ご神体である小島に神霊が宿った。そんな気配を感じた。

河内祭では櫂伝馬の競漕がある。そろいのはっぴを着た小中学生たちの小舟が、岸からの声援を受けて河内様の周りで一位を競う。

二日目の午後、祭りの行事が終わったあと、私たち見学者を乗せた舟は河口に戻る途中でほかの舟と「水かけ」合戦を楽しんだ。

河内神社は江戸時代に河内明神と呼ばれた。『続風土記』は牟婁郡三前郷宇津木村の河内祭について次のように記している。

○河内明神

村の己の方古座川ノ中にあり高さ十五間許《ばかり》周五十間許の巌山の小島なり　これを神とし祀り高川原古田宇津木月野瀬四箇村の氏神とす　古より土人《くにひと》此島に登りしことなく島中の草木にかりにも手を触ることとなし　岸頭の巌高さ三十間横山足五十間許を境内とす　祭礼毎年六月初丑《うし》日氏下　悉《ことごとく》古田村の川原より拝をなす　祭式は前夜に古座川より鯨舟三艘に屋形を作り装ひに美を盡《つく》して登り舟歌を謡ひ河内明神の島を廻り夜明けて当日の昼頃川を下るといふ　其余《そのほか》種々の俳優《わざおぎ》等あり遠近の諸客つとひ来りて甚《はなはだ》賑《にぎわ》し　日置浦《ひきうら》より新宮までの間に此祭りに次く祭なし　此を古座の河内祭といふ

今、河内祭は串本町と古座川町にわたる古座、古田、高池下部《しもぶ》、宇津木、月野瀬の五地区が協力している。河内様の前の河原では獅子舞の披露がある。「鯨船に装飾を施す」「舟歌を歌ってご神体を廻る」「俳優（歌舞）で神様を喜ばせる」など祭りの形は『続風土記』の記述とほぼ同じだ。

古座川の河口沖一キロほどに九龍島《くろしま》と鯛島という名の無人島が接して浮ぶ。そこにはこんな民話がある。

昔、仲良しのタイの子とヘビの子はいつも古座の浜で遊んでいた。でも川の洪水でタイの子は沖に流され鯛島になった。残されたヘビの子は川をさかのぼって河内島になった。タイとヘビが会いたがっていることを知った弁天様と大黒様が古座の漁師に舟をつくらせた。そして年に一度だけ、タイを舟に乗せて河内島のヘビに会わせてやった。これが河内祭の始まりだ。

二つの島と河内様（こおったま）を結ぶこの伝承は大事である。この祭りの原型は「海上から『寄り来る神』を目標となる河口の島で迎え、さらに上流の聖地までお連れする」

というものだった。そう考えられるからである。

九龍島には弁財天を祀る九龍島神社がある。貴重な熱帯性植物が茂り、魚付林《うおつきりん》として漁民の信仰が厚い。河内祭の前に高池下部の獅子屋台をのせる獅子伝馬は船体を海水で清めるためこの島に行くという。また宵宮の儀式のひとつとして御船は九龍島をめざしてしばらく進んだ後、海上で潮を汲み、船体を潮と酒で清めてから河内様に向かう。

花の窟のところで、私はその祭祀は黒潮に乗ってたどり着き、漁撈に生きた古代人の「お礼参り」から始まったという考えを述べた。花の窟と同様に、海上で自分の位置を確認する山あて（山たて）の対象になったであろうゴトビキ岩（新宮・神倉山の大岩）や海から見える那智の滝の信仰も、こうして始まったのではなかろうか。

当初、海辺でときに移動しながら魚を取って暮らしていた人々は、稲作の伝来とともに定住し、その生活は農業中心または半農半漁へと変わった。住民たちの視線も「海から陸へ」から「陸から海へ」と変化していった。「海への眼差し」は自分たちの祖先がやって来た理想郷・常世《とこよ》へのあこがれと重なった。そして、「海から善きもの尊きもの」が寄り来るという想いや信仰になっていった。徐福や神武が熊野に上陸したという伝承、神・仏・貴人の伝来から、浦々に臨時収入をもたらした寄り鯨（鯨の漂着）まで、寄り来る神を迎える儀式は人びとの自然の心情であった。

　今でこそ河内祭の舞台は河口から「こおったま」までだが、その原型が、海の彼方→九龍島→河内様というラインにあるとしたら、その形は熊野速玉大社の例大祭（十月十五日の神馬《しんめ》渡《と》御式《ぎょしき》と翌日の御船祭《みふねまつり》）に似ている、と私は思う。

　神馬渡御式は主祭神・速玉大神の祭りで、河口の蓬萊山《ほうらいさん》を背にする阿須賀《あすか》神社に神馬が神霊を迎えに行く。神霊はその後、速玉大社から熊野川の河原につくられた御旅所に向かい、神事の後、ひっそり本社へ帰還する。十六日の御船祭は夫須美《ふすみ》大神の祭りだ。河原で神幸船に遷された神霊は、上流の御船島を三回まわる。控えていた九隻の早船も御船島を三回まわって速さを競う。

　神事の舞台が速玉大社、阿須賀神社、御旅所、御船島といくつもあり、手順も入り組んでいるが、その原型は古座の河内祭と同じように、「海上から河口の蓬萊山に寄り来る神を御船島へとお迎えする」ものではなかったか。蓬萊山・御船島と九龍島・河内様が対をなす形も似ている。

　『続風土記』は河内祭について「日置浦（和歌山県白浜町の日置川河口）から新宮までの間に、この祭りに次ぐ祭りはない」と記している。熊野灘の「寄り来る神」を迎える祭りの双璧が、熊野川と古座川の祭りだった。

## 四　禁忌をもつ社

### 須佐神社（田辺市中辺路町西谷）

田辺から山間を本宮大社に向かうのが熊野古道・中辺路《なかへち》である。現在は富田川に沿って国道三一一号が走っている。その途中、安珍《あんちん》・清姫《きよひめ》伝説が伝わる中辺路町真砂《まなご》から左に折れ、西谷川沿いの県道をしばらく行くと一願寺に至る。その向かいの山に昔「山神森」と呼ばれた須佐神社がある。

ここは『続風土記』に「社殿を建てると祟《たた》りがある」と明記された無社殿神社である。『続風土記』牟婁郡栗栖川荘西谷《にしだに》村の項に次のようにある。

○山神森　社地周百三十六間
川端にあり一村の氏神なり　境内に石燈籠ありて社なし　社を建つれは祟ありと云ふ　総《そう》て熊野の山中には大樹或《あるい》は古木を神体とし其《その》境内雑樹蓊欝《おううつ》として周回数町に亘《わた》るもの多し　其祭日には供物を木葉に盛り或《あるい》は木葉を供《そな》ふる事あり　通して木葉祭

りといふ　山中風俗の一端といふへし

蓊欝は盛んに茂るさまをいう。「山神森」「地主神社」などは、無社殿神社の名称としては「矢倉神社」「高倉神社」より古いと思われる。

供物を木の葉に盛る風習に、有間皇子《ありまのみこ》の万葉歌を思い起こした。有間は七世紀の人物で、第三十六代孝徳天皇の皇子だ。謀反《むほん》の疑いをかけられ、中大兄皇子《なかのおおえのみこ》が滞在していた紀温湯《きのゆ》（白浜温泉）に護送される途中の海岸で詠んだ万葉歌は世に知られている。

家にあれば　笥《け》に盛る飯《いい》を草枕　旅にしあれば　椎《しい》の葉に盛る

シイの葉は食器にするには小さいから、この「飯」は無事を祈って土地の神にささげた神饌《しんせん》ではなかろうか。

西谷の須佐神社は以前、大山祇《おおやまつみ》神社と呼ばれていた。オオヤマツミは山の神だから、山神森がそう変わったのはうなずける。『新編　和歌山県神社誌』（和歌山県神社庁、二〇一〇年）によると、明治四十一年（一九〇八年）の一村一社合祀令によって、西谷の大山祇

**写真6**　須佐神社の例祭

神社など十一小社が中辺路・滝尻王子の瀧尻王子社に合祀された。瀧尻王子社は合祀を機会に、社名を十郷《とうごう》神社と改めた。現在同『神社誌』には、昭和二十一年（一九四六年）に改称した滝尻王子宮十郷神社として載っている。

大山祇神社は戦後、旧社地に戻り、社名を須佐神社と改めた。山神森→大山祇神社→須佐神社と変わったわけだ。スサノヲと樹木は関係が深い。『日本書紀』によると、スサノヲは息子のイタケル神のために体の毛を抜いてスギ、マキ、ヒノキ、クスノキなど生み、それぞれの用途を教えたという。イタケル神はたくさんの樹の種をもって天降り、大八洲《おおやしま》を青山にして、紀伊国《きのくに》の大神になったという。

私は二〇一二年十一月三日、地元の松本純一氏と一緒に須佐神社の例祭を見学した（写真6）。苔むした石段を上ると、傾斜地に小さな平地がつくられ、覆い屋の中に小さな社殿が三つ並んでいる。

『中辺路町誌』上巻（一九八八年）第四編「宗教」の西谷須佐神社（大山祇神社）の項は次のように語る。

明治の合祀の節はこの宮は社殿も、ご神体もない宮であったから、御神霊だけの合祀であった。戦後滝尻合祀の他郷と同様に滝尻合祀を廃して、御神霊は旧社地に遷座となり、それを機に社殿も造営され、主祭神としてスサノオノミコトを祀り、社名も須佐神社と改められている。

地元の昭和二年生まれの上須昭一氏は「社殿が出来たのは戦後のこと。それ以前は石組みの基壇の上に、神社名を彫った四角い石が並んでいた」と語った。自分たちの神様を取り戻した喜びが禁忌を上回ったのだろうか。

神社名を彫ってあるという石は、現在も社殿の左手に置かれている。ひとつに「須佐神社」もうひとつに「日神社　月神社」と彫られている。覆い屋の中の三つの社殿の名であろう。

覆い屋の背後は自然林で、シイ、カシ、ヒノキなどが太古の樹層を示している。上須氏は次のような話もしてくれた。

「森全体がご神体なので、樹木を伐ること、持ち出すことは禁じられてきた。子どものころ、『社を建ててはいけないお宮だ』と聞かされた」

「子どものころの記憶では、小豆ご飯など神様へのお供物は柏の葉のような葉の上に載せられていた」

「お宮は以前、川のそばにあったが、水害で流され今の場所に遷された」

「田辺市の万呂《まろ》の宮からスサノヲノミコトを勧請した、と聞いた」

田辺市中万呂には須佐神社という同名の古社がある。明治の合祀先から神様が戻ってきたとき「山の神より有名な祭神を」と、スサノヲを勧請し、社名に付けたのだろうか。

二〇一二年十一月三日の祭りには地元の人三十数人が集まった。社殿の前には鯛、野菜、果物などが並んでいるが、それぞれ三方《さんぽう》に盛られ、木の葉は用いていない。

午前十一時、上富田町に住むお年寄りが神職を務め、祭りが始まった。祝詞、熱湯に笹の葉を浸し、参拝者にふりかける湯立て、玉串奉納と、とりわけ変わった所のない神事は一時間ほどで終了、最後に餅撒きがあった。

**神戸神社（東牟婁郡古座川町高池）**

矢倉系の神社には「社殿を建ててはならない」という禁忌を持つところが少なくない。先に述べた祓の宮のほか、ＪＲ串本駅近くの線路沿いにある矢野熊の矢倉神社も「建ててはいけない。建てると不漁になる」との言い伝えが守られて、境内には天保七年（一八三六年）の石灯籠と石組みがあるだけだ。

こちら神戸《こうど》神社は「鳥居を建ててはいけない」という禁忌がある社である。そして十一月の火焚《ひたき》神事が名高い。

『続風土記』の牟婁郡三前郷高川原村の項に出ている「神殿《こうどの》明神森」が現在の神戸神社だ。「村中にあり　木を神体とす」と記されており、現在も社殿はなく、石組みの背後に立つスダジイの大木をご神体としている。社名の由来について『新編　和歌山県神社誌』は「月の瀬のカワベより移転したとする説がある。他に神戸→コウベ（頭）→スサノオノ命を考える人もいる」と記す。この国でスサノヲと習合した牛頭《ごず》天王の「頭」からの連想かもしれない。

境内は結構広い。正面に石柱の玉垣に囲まれた場所があり、享保十年（一七二五年）と天保三年（一八三二年）の石灯籠が立っている。社叢《しゃそう》は古座川町指定文化財で、説明板には「この地方本来の照葉樹林の姿をよく保存している。イスノキ、ヤマモガシ、ヤマビワ、ミミズバイ、ヤブツバキ、モチノキ、バリバリノキ等が見られ、樹木の種類は五十種を数える」とある。

ひときわ目立つのは、正面の石組みの背後に茂るスダジイの古木である。巨木への古代人の畏怖《いふ》がわかる。正面右手にはクスノキの大木に挟まれるように稲荷社が建つ。

古座川町史編纂室長を務めた後地勝氏のメモによれば、その昔、地元の有志が鳥居を建てようと神様にお伺いしたところ「鳥居は要らぬ。その代り木材を献木して鳥居の高さよりも高い炎をあげ、夕刻から夜明けまで火を絶やさずに焚き続ければ、氏子の安泰、家業の繁栄を見守ってやろう」とのお告げがあった。それが火焚神事の由来である。

高川原は古座川の上流から流した材木の集積地だった。そこには上・中・下の三組の荷揚げ組があり、明治期まで「木挽《こびき》」の町として繁盛したという。神社の氏子には木材関係者が多かったので「鳥居の代りに献木を高く燃やせ」という伝承になったのだろう。

写真7　神戸神社の火焚神事

私は地元の神保圭志氏の案内で二〇一二年十一月十七日の火焚神事を見た。この日は日中大雨で、スタートが一時間遅れ、夕刻六時からとなった。

正面の石組みの上には米、野菜、果物、酒などの神饌が並ぶ。神職の鳴らす太鼓で開式。祝詞のあと、境内の一角の土を丸く浅く掘った場所で、火焚きが開始された。

切った杉の丸太が威勢よく投げ込まれる。真っ赤な炎がスダジイ、クスノキなどの木々を闇から浮かびあがらせる。こちらは炎が枝に燃え移らないか心配になる（写真7）。実際、老木の高枝を焦がすことがあるそうだ。朝まで火を絶やさない習わしという。私たちは近くの八坂神社（古座川町池野山）でも行われた火焚きものぞいて、帰路に着いた。

狭い県道から神戸神社に入る角に、芳流館互盟社の建物がある。昭和初期につくられたという、しゃれた木造洋風建築だ。芳流館互盟社とは地元の青年会組織の名で、火焚神事のときに伝統の獅子舞を披露する。

＊1　拙著『イザナミの王国　熊野』（方丈堂出版、二〇一三年）。
＊2　二〇一六年から、七月の第四日曜日が本祭、その前日が宵宮となった。

# あとがき

紀伊半島の南部沿岸には縄文や弥生時代の遺跡が点在している。新宮市の速玉大社境内から出土した各種の縄文土器、弥生文化では熊野市津ノ森の農耕遺物、熊野川河口に鎮座する阿須賀神社の竪穴住居跡、串本町笠嶋遺跡から見つかった船材や漁撈具などが知られている。

先史時代の人びとがどこからきた、どんな人かはよくわからないが、黒潮に乗って南からやってきて浜近くに定着した「海の民」がその主流を占めたのではなかろうか。大樹や大岩を最初に崇め、拝所を聖地としたのも、そんな人たちだったろう。

貧弱な舟での漁は危険が伴った。沖に出過ぎたら黒潮に流されてしまう。近代になっても、明治二十五年（一八九二年）に勝浦港から出漁したサンマ漁船団が強風で遭難し、二百二十九人もの犠牲者を出した。船が八丈島まで流され、助かった漁民もいた。海上から見える陸地の目標物で船の位置を確かめる「山あて（山たて）」の対象となる山や大岩や滝は自分たちを守る「カミ」として崇拝された。それが熊野の祭りの始まりだと私は思う。

海辺で暮らしていた古代人が川筋などを上流にたどった理由は「船材や建築材を求めた」「鉱物を探した」「水源を探った」など様々だっただろう。内陸地に坐《ま》すカミが当初どう呼ばれていたかは不明だが、ある時代から「山の神」とか「地主神」とか呼ばれたのではないか。それが歴史を下り、たぶん近世になって「矢倉」とか「高倉」とか、よりもっともらしい、ありがたい名を持つ神社になった。本書でそう述べた。しかし、中世以前の史料・文献に乏しい熊野では、それについての確証がない。先学のご助言などいただければと願っている。

熊野の自然信仰の嚆矢《こうし》が海の民の祈りだったとして、彼らの「出自《しゅつじ》」について、この本は触れていない。まえがきに述べたように済州島の「堂《たん》」、沖縄の「御嶽《うたき》」のような森の聖地との共通性は感じられるものの、いまはそれ以上に進めないでいる。

柳田國男が晩年の名作『海上の道』で描いたように、この国の祖先のうちには黒潮という海の道を南方から島伝いに北上した人びとがいたことは間違いない。彼らは稲作や建築、造船などの技術とともに、言葉や神話も運んできた。

熊野灘に面した海岸には遠くインドネシア、ベトナム、フィリピンなどからのペットボトルが流れ着くそうだ。拙書『イザナミの王国　熊野』（方丈堂出版）は、インドネシア・

セラム島に伝わる穀物創成神話（ハイヌウェレ神話）が先史時代の熊野に伝えられ、その主人公が「結早玉《むすびはやたま》」という神格に発展、ついに熊野三山の神（夫須美《ふすみ》大神・速玉大神）になったという物語である。

熊野に流れ着いたのは南方の主食イモの創成神話だった。それが稲作と結びつき、今も南方系の樹木に囲まれて、人面に似た巨岩が妖《あや》しい香りをただよわす花の窟《いわや》あたりでイネの豊作をカミに感謝する祭りに育った。日向から遠征してきた神武に敗れた丹敷戸畔《にしきとべ》は海の民の末裔《まつえい》の女首長で、自衛戦の勝利を浜辺の大岩に祈った——。

黒潮ロマンと熊野の無社殿神社は、私のそんな空想の中で接点を持つ。

自然信仰のルーツとして朝鮮半島を想定する人もいる。矢倉信仰研究の先鞭をつけた宮本詮一氏を、串本高校時代の恩師にもつ鈴木清氏（串本町在住）の見解を紹介しよう。

鈴木氏は「樹木や磐座《いわくら》を神体とする信仰（矢倉信仰の原型）は、朝鮮半島南部の伽耶《かや》地方や済州島、対馬・壱岐などで活躍した倭人《わじん》がもたらした」と推測し、私への手紙で次のように述べている。

「矢倉」は後世の呼び名でありましょうが、その信仰の原型は古代に朝鮮半島から渡来したと小生は考えています。朝鮮の蘇塗《そと》信仰、堂信仰、対馬の金座《かなぐら》（神座）信仰、沖縄の御嶽信仰との類似点が多く、これらの地域と熊野は黒潮を利用した海上交通で往来があったからです。日置川、古座川、太間川、熊野川流域に矢倉神社が残っているのは、そこが渡来系の金属製造氏族の居留地だったからと思えるのです。鉄器ではなく銅器だったのですが、対馬で森の祭祀場が「金倉」と呼ばれていることなどから、矢倉信仰は金属製造倭人の信仰であり、八世紀以降の修験道に由来する風水思想より古い信仰ではないでしょうか。

稲作をもたらした農耕文化、青銅器や鉄器の金属文化。これらの先端技術が日本列島に暮らした古代人の生活をがらりと変えたことは疑いえない。大岩や大樹への信仰をだれが、どこからもたらしたのか。それは今後の遠大な課題だ。

本書は、熊野の無社殿神社に惹《ひ》かれた私が、地元の研究者や歴史愛好家の手助けを受けて、現地を訪ね回った記録である。『紀伊続風土記』牟婁郡の項に登場する矢倉明神社（矢倉明神森）、高倉明神森の現在地はほぼ確かめたが、それは無社殿神社のごく一部にすぎない。

私の探索はまだ続きそうだ。

矢倉、高倉神社のうち、いまも社殿のないところはおおむね山中の小社である。高齢化や過疎化によって、清掃や拝礼だけでなく年に一度の祭りも滞り、放置されてゆく神社が増えている。そんな現状が「ここで探訪記録をまとめておかなければ」との気持ちにさせた。

日々世界各地で起きている血なまぐさいニュースに接して感じることもある。キリスト教とイスラム教の「文明の衝突」が喧伝《けんでん》され、中東ではイスラム教の二大宗派、スンニ派とシーア派の抗争も加わってテロと殺戮《さつりく》が続いている。本書の表題を「祈りの原風景」としたのは、世界中にさまざまな宗教、さまざまな祈りがあり、それが紛争の原因ともなっている中で、このちっぽけな列島の端っこで古《いにしえ》から営々と続けられてきた大自然への畏怖《いふ》を込めた素朴な想いに、今一度立ち返りたい、立ち返るべきでは、と思っているからである。

本文のうち、第二章、第八章の初出は以下の通り。

「洞尾の地名と樹木信仰　古座川流域の矢倉系神社についての一試論」（『熊野誌』第六十二号、二〇一五年）

「日足高倉神社をめぐる五つの謎」（『熊野歴史研究』第二十一号、二〇一六年）

また、本書に掲載した写真は、すべて筆者の撮影である。

私は現役時代、経済を追う記者だった。第二の人生は全く違う分野に挑戦したいと、生まれ育った東京を離れ、奈良県明日香村、そして現在暮らす三重県熊野市波田須町に借家して古代史に挑戦した。自分の歩みを確かめるため、折々まとめて来た本が八冊になった。前々作『古代の禁じられた恋』と同様に、森話社の西村篤氏に編集をお願いした。一人では行けない無社殿神社やその跡地に案内していただいた方々、貴重なお話をうかがった地元の人たちにお礼を申し上げたい。

二〇一六年八月

桐村英一郎

[著者略歴]

**桐村英一郎**（きりむら・えいいちろう）

1944年生まれ。慶應義塾大学経済学部卒。

1968年朝日新聞社入社。ロンドン駐在、名古屋本社経済部次長、大阪本社経済部長、東京本社経済部長、論説副主幹などを務めた。

2004年末の定年を機に東京から奈良県明日香村に移り住み、神戸大学客員教授として国際情勢などを教える一方、古代史を探究。2010年秋から三重県熊野市波田須町に住んでいる。三重県立熊野古道センター理事。海の熊野地名研究会副会長。

著書は『もうひとつの明日香』『大和の鎮魂歌』『ヤマト王権幻視行』『熊野鬼伝説』『イザナミの王国　熊野』『古代の禁じられた恋』『熊野からケルトの島へ』。共著に『昭和経済六〇年』がある。

**祈りの原風景——熊野の無社殿神社と自然信仰**

発行日……………………………2016年8月23日・初版第1刷発行

著者………………………………桐村英一郎

発行者……………………………大石良則

発行所……………………………株式会社森話社

〒101-0064 東京都千代田区猿楽町 1-2-3

Tel 03-3292-2636

Fax 03-3292-2638

振替 00130-2-149068

印刷………………………………株式会社シナノ

製本………………………………榎本製本株式会社



ISBN 978-4-86405-099-9 C0021